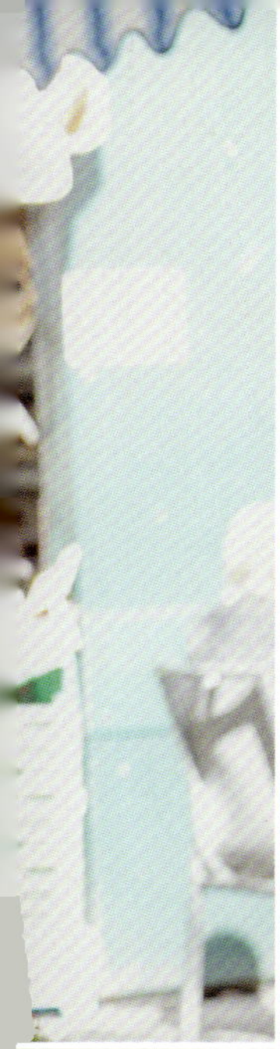

MARKTGESCHICHTEN

Markt Kochbuch

Obst & Gemüse in Geschichten und Rezepten

Nicole Ott

braumüller

VORWORT

Jetzt sind schon mehr als zwei Jahre vergangen, seit ich das Vorwort für mein erstes Kochbuch „Sonne, Mond & Cheesecake" geschrieben habe – wie viel ist inzwischen passiert! Seit Mai 2018 schreibe ich einmal im Monat ein Rezept für die Kurier-*freizeit.*

Wie schön es für mich ist, mit den Jahreszeiten zu gehen und die verschiedenen Obst- und Gemüsesorten durch meine Recherchen besser kennenzulernen. Die Rezepte dürfen aus Platzgründen eine gewisse Länge nicht überschreiten, für mich besteht also die Herausforderung, einfache Gerichte mit Pep zu kreieren. Und wenn dann das Rezept feststeht und das schöne Foto von meinem Fototeam vor mir liegt, mache ich mich daran, meine Eindrücke vom Markt und aus dem Café zusammen mit Erinnerungen und den Tipps der Marktstandlerinnen und Marktstandler zu einer Geschichte zusammenzufügen.

Garniert wird diese mit Märchen und Sagen, gewürzt mit ein wenig Brauchtum und Redewendungen. Zum Drüberstreuen gibt es Anekdoten aus meinem Alltag, und wenn ich dann jeden ersten Samstag im Monat meinen Beitrag in der Kurier-*freizeit lese, hat sich das betreffende Obst oder Gemüse einen festen Platz in meinem Herzen erobert.*

Für dieses Buch habe ich 19 Kapitel zusammengestellt und mir weitere herrliche Rezepte überlegt, damit ihr, meine lieben Leserinnen und Leser, zu jeder Jahreszeit auf den Markt eilen könnt, um nach den Hauptdarstellern meiner Geschichten Ausschau zu halten. Lasst euch dazu inspirieren, saisonales Obst und Gemüse besser kennenzulernen und jeden Monat des Jahres kulinarisch auszukosten.

Mein Kochbuch soll euch gute Stimmung beim Einkaufen, Zubereiten und Genießen bringen.

Viel Spaß damit!

INHALTSVERZEICHNIS

Let's get sustainable!

MARKTGESCHICHTEN

*Diese Geschichten spielen in unseren Tagen –
vor und während Corona –, und zwar in Wien und auf allen Märkten dieser
schönen Welt, wo Menschen zusammentreffen.*

Es treten auf:

Café Himmelblau *– unser Café am Kutschkermarkt in Wien,
in dem wir seit mehr als zehn Jahren unseren Traum verwirklichen und
für unsere Gäste kochen und backen dürfen*

Ich, ***Nicole*** *– Gründerin des* ***Café Himmelblau*** *und Mutter
dreier vorzüglich gelungener Kinder
(**„der Älteste“**, **„die Mittlere“**, **„der Jüngste“**), Frau vom **„Liebsten“**
und Autorin dieser Zeilen*

Daniel *– Koch im Himmelblau, Quelle unendlicher Ideen
für die köstlichsten Gerichte und Meister seines Fachs*

Erol *und* ***Emil*** *– Marktstandler auf dem Kutschkermarkt und
allwissende Obst- und Gemüsemeister*

*Außerdem: die Marktstandlerinnen und Marktstandler vom Bauernmarkt,
die jeden Samstag in die Stadt kommen, um ihre Waren frisch vom Feld anzubieten
Frauen, Männer, Kinder, die mich zu vielen Rezepten für
dieses Buch inspiriert haben
Familie und Freunde*

GUT ZU WISSEN

Nützliche Tipps und Tricks

- Falls nicht anders angeführt, reichen die Mengen für vier durchschnittliche Esser.
- Ich kaufe am liebsten auf dem Markt ein, wenn möglich bio.
- Obst, Gemüse, Kräuter und Wildpflanzen vor dem Essen gut waschen und trocknen.
- Beim Selberpflücken im Wald und auf der Wiese darauf achten, weit weg von stark befahrenen Straßen zu sammeln und nur pflücken, was ihr auch wirklich gut kennt!
- Bei Rezepten mit verschiedenen Komponenten versuche ich immer, Warte- und Garzeiten zum Fertigstellen von anderem zu nützen.
- Zum Reiben von Knoblauch, Ingwer, Muskatnuss usw. gibt es nichts Besseres als eine schmale, scharfe Handreibe. Damit sie lange Freude macht, bitte nur von Hand abwaschen.
- Beim Backen bitte eine genaue Waage verwenden.
- Ein Wort zum Mehl: Ich verwende für alle Teige, die nicht lange geknetet werden, eine Mehlsorte mit niedrigem Proteingehalt und für Germteig, den ich lange knete, eine Sorte mit hohem Proteingehalt, das heißt:

  für Mürbteig und Rührteig Type W480 glatt

  für Germteig Type W700 glatt

  für Nockerl Mehl der Type W480 griffig

  Wer nur eine Mehlsorte verwenden will, sollte zu W480 glatt greifen.

ZITRUSFRÜCHTE

Es ist ein kalter, grauer Tag, als ich über den Markt gehe und die Marktstandler grüße. Wenn auch die ersten Blümchen durch die braune Erde blitzen – Frühling liegt noch nicht in der Luft. So eile ich zu Erol, um nach buntem, gesundem Obst Ausschau zu halten. „Blutorangen aus Sizilien sind da!", ruft er. „Gerade richtig, um ein bisschen Sonne ins Leben zu bringen", antworte ich.

Zitrusfrüchte stammen aus den tropischen Gebieten Asiens und wurden einst von Alexander dem Großen in den Westen gebracht. War die knubbelige Zitronatzitrone, deren Schale kandiert wird, die erste der Agrumen, die Europa gesehen hat, brachten jüdische Migranten Zitronen und Pomeranzen, also Bitterorangen, mit sich. Im 18. Jahrhundert verkauften Zitronenhändler ihre Waren im deutschen Raum und Künstler wie Johann Wolfgang von Goethe oder Johann Strauss ließen sich auf Italienreisen von den Südfrüchten verzaubern. Und so stehen die Klänge des Walzers „Wo die Zitronen blühen", die beim Neujahrskonzert vom Wiener Musikverein in die Welt tanzen, für unsere Sehnsucht nach Licht und Heiterkeit.

„Blutorangen brauchen viele Grade Temperaturunterschied, damit sie so schön rot werden", erklärt Erol. „Quasi vom Frost geküsst und von der Sonne erwärmt", schmunzelt eine ältere Dame. „Ich mache gleich heute einen Wintersalat mit Roten Rüben und Blutorangen, mit Minze und gerösteten Mandeln." „Ich schneide die Orangen in Scheiben und serviere sie mit Zimt bestreut, wie in Marokko!", ruft ein junger Mann, der ein Baby im Tragetuch hält. „Ein Orangensalat mit Zimtdressing ist eine gute Idee", denke ich mir.

Im Café erzählt mir eine Studentin von ihrer Reise nach Sevilla, wo die Orangen mitten in der Stadt von den Bäumen auf die Straßen fallen und all diese bitteren Früchte zur berühmten englischen Orangenmarmelade verarbeitet werden. Sie ist die einzige, die als „marmelade" zum Tee serviert wird, während alle anderen Früchte zu „jam" verkocht werden. In unserer Küche rühre ich meinen berühmten „8-Minuten-Kuchen" zusammen, den ich Freunden, die jammern, wie aufwendig das Backen doch sei, gern unter die Nase reibe. Eine Hälfte wird der Boden für eine Zitronentorte, die andere nehme ich für die Skitour morgen mit. Wie gern denke ich an all die Bergerlebnisse und Picknicke, die uns der Zitronenkuchen versüßt hat.

Später rühre ich die Zitronencreme für unsere Zitronentarte, als mir der Älteste ein Löfferl davon stiehlt: „Mhmm, ist das gut! Würde sie auch in einen Salat mit gebratenem Chicorée passen?" „Gute Idee!", meint Daniel. „Und die Tarte hat sich auch ein paar Frühlingsgefühle verdient! Wie wäre es mit knusprigem Lavendelbaiser?" Und schon haben wir eine neue Kreation für unsere Vitrine.

RAUNENSALAT

mit Orangen, Fetacreme und Pistazien

Wenn ich das Foto dieses wunderbaren Wintersalates betrachte, läuft mir unwillkürlich das Wasser im Mund zusammen. Wer Raunen nur als Rote-Rüben-Salat aus dem Glas kennt, den bitte ich inständig: Probiert dieses Rezept aus!

Die saftigen Orangen – Blutorangen wären natürlich die Krönung – bilden das Bett für die bissfest gegarten Raunen, die mit Orangenblütenwasser mariniert werden. Die milde Zwiebel muss als Kontrast sein, ebenso die würzige Fetacreme zum Eintunken.

Pistazien geben Biss und die Minzblätter verheißen mitten im Winter ein wenig Frühlingsstimmung auf unseren Tellern.

Für den **Salat** das Backrohr auf 180 °C Ober-/Unterhitze vorheizen. Die Raunen in eine Auflaufform schlichten und mit dem Olivenöl benetzen. Den Knoblauch und das Lorbeerblatt dazugeben, die Form gut mit Alufolie verschließen und die Raunen je nach Größe ca. 2 Stunden bissfest garen, dabei nach der Hälfte der Garzeit wenden.

Für die **Marinade** alle Zutaten versprudeln.

Die Haut der warmen Raunen abziehen (evtl. Einweghandschuhe verwenden). Dann in Spalten schneiden, die Raunen mit zwei Drittel der Marinade vermischen und bis zur Verwendung gut durchziehen lassen.

Für die **Creme** den Feta und das Joghurt im Mixer zu einer glatten Masse verarbeiten. Mit Zitronensaft, Knoblauch und Salz abschmecken.

Die Raunen auf den Orangenscheiben anrichten und mit der Zwiebel, der Minze und den Pistazien bestreuen. Mit ein wenig Marinade beträufeln und die Fetacreme dazu servieren.

Tipp

Sowohl die Raunen als auch die Creme können gut vorbereitet werden. Je länger die Raunen marinieren, umso besser schmecken sie. Die Creme kann bis zur Verwendung im Kühlschrank aufbewahrt werden. Das Zusammenbringen der Komponenten geht dann ganz schnell.

Salat

5 mittelgroße Raunen
2 EL Olivenöl
2 Knoblauchzehen, ungeschält
1 Lorbeerblatt
3–4 Orangen, geschält und in Scheiben geschnitten
1 kleine rote Zwiebel, geschält und auf der Mandoline oder von Hand in hauchdünne Scheiben geschnitten
1 Handvoll Minzblätter
2 Handvoll geröstete, gesalzene Pistazien, längs halbiert

Marinade

1 EL Honig
2 EL Weißweinessig
½ TL Salz
30 g Olivenöl
1 EL kaltes Wasser
3 Tropfen Orangenblütenwasser (optional)

Fetacreme

100 g Feta
160 g Joghurt
1 EL Zitronensaft
1 Msp. geriebener Knoblauch
Salz

Für eine Tarteform mit herausnehmbarem Boden von 24 cm ø

Teig

1 Dotter von einem Bio-Ei
2 EL kaltes Wasser
200 g glattes Mehl Type W480
plus Mehl für die Arbeitsfläche
1 Prise Salz
60 g Staubzucker
125 g kalte Butter, in kleine Stücke geschnitten,
plus Butter für die Form
Hülsenfrüchte oder Reis zum Blindbacken

Lavendelbaiser

2 Eiklar von Bio-Eiern
1 Prise Salz
100 g Kristallzucker
50 g Staubzucker, gesiebt
1 TL ungespritzte Lavendelblüten,
im Mörser zerrieben

Zitronencreme

3 Bio-Eier
90 g Kristallzucker
1 Prise Salz
140 g frisch gepresster Zitronensaft
fein abgeriebene Schale von 2 Bio-Zitronen
40 g weiche Butter
1 Blatt Gelatine, in kaltem Wasser eingeweicht

TARTE AU CITRON
mit Lavendelbaiser

Für den **Teig** den Dotter mit dem Wasser versprudeln. Das Mehl mit dem Salz und dem Staubzucker in einer Schüssel vermischen. Die Butter mit den Knethaken des Mixers in die Mehlmischung rühren, bis die Butterstücke erbsengroß sind. Dann die Dottermischung dazugeben und rühren, bis sich alle Zutaten zu einem glatten Teig zusammenfügen. (Alternativ alle Zutaten nicht zu lang von Hand kneten, bis sie sich verbinden.) Zu einer Scheibe formen, in Frischhaltefolie wickeln und mindestens 2 Stunden oder über Nacht im Kühlschrank rasten lassen (der Teig hält sich bis zu 3 Tage im Kühlschrank oder ca. 1 Monat im Tiefkühler, gut auch in der Form).

Für das **Baiser** das Backrohr auf 120 °C Ober-/Unterhitze vorheizen. In einer großen, absolut fettfreien Schüssel (evtl. zur Sicherheit vorher mit heißem Wasser und Spülmittel säubern) die Eiklar mit dem Salz mit den Quirlen des Handmixers schaumig aufschlagen, den Kristallzucker nach und nach unterschlagen. Sobald steifer Schnee entstanden ist, die übrigen Zutaten mit einem Spatel vorsichtig unterheben. Ein Backblech mit Backpapier auslegen und darauf einen Kreis von 24 cm ø zeichnen. Nun den Schnee mit einem großen Löffel auf dem vorgezeichneten Kreis verteilen und mit der Löffelrückseite dekorative Wirbel ziehen. 1 Stunde backen, dann noch 1 weitere Stunde im ausgeschalteten Rohr nachtrocknen lassen. Das Baiser ist fertig, wenn es sich leicht vom Papier ziehen lässt.

Den Tarteteig 10 Minuten vor der Weiterverarbeitung aus dem Kühlschrank nehmen. Das Backrohr auf 180 °C Ober-/Unterhitze vorheizen. Die Tarteform mit Butter einfetten. Den Teig auf einer bemehlten Arbeitsfläche mit dem Nudelholz ca. 4 mm dick ausrollen. Dann um das Nudelholz wickeln und über der Tarteform wieder abrollen. Glatt auf den Boden der Form legen, dann am unteren Ende der Form beginnend gleichmäßig mit leichtem Druck an den Rand legen, damit keine Hohlräume entstehen. Den Teig entlang des oberen Randes der Form mit einem kleinen scharfen Messer sauber abschneiden.

Ein Stück Backpapier zerknüllen, auf den Teig legen und mit Hülsenfrüchten oder Reis beschweren. Den Teig ca. 20 Minuten hellbraun backen, dann herausnehmen und das Papier und die Hülsenfrüchte entfernen. Den Teig weitere ca. 10 Minuten goldbraun durchbacken.

Für die **Zitronencreme** die Eier mit Zucker, Salz, Zitronensaft und -schale in einer großen Metallschüssel mit dem Schneebesen versprudeln. Die Eimischung unter ständigem Rühren mit dem Schneebesen in der Schüssel über einem Wasserbad erhitzen. Dabei darauf achten, dass der Schüsselboden nicht mit dem Wasser in Berührung kommt, sondern nur über dem Dampf steht. Sobald die Mischung anfängt zu binden, kurz vom Dampf nehmen, dann wieder auf das Wasserbad setzen, dabei ständig rühren. (Je nachdem, wie schnell die Creme stockt, diesen Schritt mehrmals wiederholen.) Die Masse ist fertig, wenn sie keinen Schaum mehr bildet und deutlich an Volumen zugelegt hat. Vom Herd nehmen, die Butter und die ausgedrückte Gelatine hinzufügen und die Masse durch ein Sieb passieren.

Die warme Creme sofort in den gebackenen Tarteboden füllen und kühlen. Die ausgekühlte Tarte mit dem Lavendelbaiser belegen und servieren.

In der French Pastry School mussten wir nach jedem Kapitel, das wir abgeschlossen hatten, eine Prüfung ablegen. Wie nervös ich bei meinen Lieblingen „Kuchen und Tartes" war, nicht auszudenken, wenn meine „Tarte au citron" nicht wunderschön gewesen wäre – im schlimmsten Fall hätte es kein Himmelblau gegeben!

Aber es ist ja alles gut gegangen, und 15 Jahre später fühle ich mich mutig genug, den französischen Klassiker mit Lavendelblüten aufzubrezeln, ein bisschen moderner Schabernack darf auch in der Patisserie sein. Mit vorgebackenem Baiser versehen ist diese Tarte so schön geworden, dass wir sie beim Fotografieren kurzerhand „Eisprinzessin" genannt haben.

WALNUSSKEKSE
mit Orangenmarmelade

Für ca. 50 Stück

Orangenmarmelade

6 Bio-Orangen, 2 davon für die Marmelade,
4 zum Auspressen
500 g Gelierzucker 1:1
2 EL Zitronensaft

Walnusskekse

1 Dotter von einem Bio-Ei
1 EL kaltes Wasser
150 g kalte Butter, in kleine Stücke geschnitten
130 g Staubzucker plus Staubzucker zum Bestreuen
1 EL Vanillezucker
1 Prise Salz
250 g glattes Mehl Type W480
plus Mehl für die Arbeitsfläche
60 g geriebene Walnüsse

Tipp

Wer mag, sticht vor dem Backen aus der Hälfte der Kekse noch ein Motiv in der Mitte aus, damit nach dem Zusammensetzen die Marmelade zu sehen ist. Beim Backen bedenken, dass die Kekse mit Loch schneller backen, sie sind schon nach 8–10 Minuten fertig, also am besten getrennt von den übrigen Keksen backen. Das Innere der Kekse anschließend ebenfalls separat backen und dabei beobachten, sie sind schon nach wenigen Minuten fertig.

Für die **Marmelade** Wasser in einem großen Topf erhitzen und 2 Orangen darin vollständig bedeckt bei mittlerer Hitze 20 Minuten kochen lassen. Dann mit kaltem Wasser abschrecken und mit der Schale in kleine Stücke schneiden. Die übrigen Orangen auspressen und 300 g Saft abmessen.

Die Orangenstücke mit dem Zucker, dem Zitronen- und Orangensaft in einen Topf geben und bei größter Hitze aufkochen, dabei stetig rühren. Den entstehenden Schaum mit einem flachen Sieb abschöpfen. Weiterkochen, bis die Blasen größer werden und der Schaum abnimmt. Einen Tropfen Marmelade auf einen kühlen Teller geben und mit einem Finger hindurchstreichen: Bleibt der Streifen sichtbar, ist die Marmelade fertig.

Die Marmelade vom Herd ziehen und mithilfe eines Marmeladetrichters fast randvoll in saubere (sterilisierte) Gläser füllen. Die Gläser sofort verschließen und umdrehen, damit sich ein Vakuum bildet und keine Bakterien entstehen können. Die Marmelade ist mindestens 3 Monate haltbar.

Für die **Kekse** den Dotter mit dem Wasser versprudeln. Die Butter, beide Zuckersorten, das Salz, das Mehl und die Nüsse mit den Knethaken des Mixers verbröseln, bis sich die Butter mit den übrigen Zutaten zu erbsengroßen Stücken verbunden hat. Dann die Dottermischung hinzufügen und so lange kneten, bis sich alle Zutaten zu einem glatten Teig zusammenfügen. (Alternativ alle Zutaten nicht zu lang von Hand kneten, bis sie sich verbinden.) Den Teig halbieren und jede Hälfte in Klarsichtfolie wickeln. Mindestens 2 Stunden oder über Nacht im Kühlschrank rasten lassen (der Teig hält sich bis zu 3 Tage im Kühlschrank oder ca. 1 Monat im Tiefkühler).

Den Teig 10 Minuten vor der Weiterverarbeitung aus dem Kühlschrank nehmen. Das Backrohr auf 180 °C Ober-/Unterhitze vorheizen. 3 Backbleche mit Backpapier auslegen. Die Teigstücke auf einer bemehlten Arbeitsfläche mit dem Nudelholz jeweils ca. 4 mm dick ausrollen. Mit einem Ausstecher mit ca. 5 cm ø und beliebigem Muster Kekse ausstechen, falls der Teig zu klebrig wird, kurz im Tiefkühler kühlen. Die Kekse im Rohr blechweise 10–14 Minuten goldbraun backen, eventuell nach der Hälfte der Backzeit das Blech drehen. Die Hälfte der Kekse mit Orangenmarmelade bestreichen, jeweils mit einem zweiten Keks zusammensetzen und bezuckern. Sie halten sich in einer Dose mindestens 2 Wochen.

*Marmeladekochen ist –
wie alles im Leben – Übungssache.*

Und damit ihr keine Ausreden wie „Woraus soll ich denn im Winter Marmelade kochen?“ habt, bekommt ihr von mir ein ganz einfaches Rezept für eine köstliche, zart bittere Orangenmarmelade.

Hier habe ich sie mit Walnusskeksen kombiniert, um ein bisschen Abwechslung auf den Weihnachtsteller zu bringen. Sie macht aber genauso in einem Wintersalat eine sehr gute Figur.

Dazu toaste ich eine Scheibe Sauerteigbrot, bis sie kracht, bestreiche sie mit mildem Ziegenfrischkäse, darauf kommt ein Streifen Orangenmarmelade, ein wenig frisch gemahlener Pfeffer und ein paar Thymianblättchen.

Jännerherz, was willst du mehr?

Ja, der Zitronenkuchen! Ich glaube, in meinem Freundeskreis kennen ihn alle, meinen treuen Begleiter durch dick und dünn. Wie oft haben wir ihn schon frisch gebacken im Auto mitgenommen und Selbstbeherrschung bewiesen, weil wir ihn nicht schon auf der Fahrt verputzten.

Eine Wanderung ist mir in besonders schöner Erinnerung, die Kinder waren alt genug, um mitzugehen, aber jung genug, um Spaß daran zu haben. Nach der Hälfte des Weges blieben wir dann stehen, ich packte meinen Kuchen samt Taschenmesser aus und verteilte mitten am Schneeberg Zitronenkuchen.

Erinnerungen sind das Salz in der Suppe des Lebens!

ZITRONENKUCHEN

Für eine Kastenform von 25 cm Länge

Kuchen

3 Bio-Eier
200 g Kristallzucker
¼ TL Salz
fein abgeriebene Schale von 2 Bio-Zitronen
plus nach Lust und Laune einige Zesten zum Dekorieren
85 g zerlassene Butter plus Butter für die Form
85 g Schlagobers
140 g glattes Mehl Type W480 plus Mehl für die Form
1 gestrichener TL Backpulver

Zitronenglasur

60 g Staubzucker
2–3 EL Zitronensaft

Für den **Kuchen** das Backrohr auf 180 °C Ober-/Unterhitze vorheizen. Die Kuchenform mit zerlassener Butter ausstreichen und mit Mehl ausstreuen.

Die Eier mit dem Zucker und dem Salz mit den Quirlen des Handmixers ca. 5 Minuten sehr schaumig rühren. Dann die Zitronenschale, die Butter und das Schlagobers untermengen. Am Schluss das Mehl mit dem Backpulver versieben und kurz unterrühren.

Den Teig in die Form füllen und 45–55 Minuten backen, bis ein in die Mitte gestecktes Holzstäbchen trocken herausgezogen werden kann. Bei Bedarf gegen Ende der Backzeit mit Alufolie abdecken, damit der Kuchen nicht zu stark bräunt.

Den Kuchen aus dem Rohr nehmen, aus der Form stürzen, mit der geraden Seite auf ein Kuchengitter stellen und abkühlen lassen.

Für die **Glasur** den Staubzucker sieben und mit dem Zitronensaft verrühren.

Den ausgekühlten Kuchen mit der Zitronenglasur bestreichen und nach Lust und Laune mit Zitronenzesten verzieren.

Schoko Kuche
vegan
€ 2,-

Lemon/Schoko Tart
Misch Brot
€ 5,- / Kg

RHABARBER

Ich spaziere an diesem freundlichen Morgen über den Markt und bleibe bei Helena, unserer Blumenhändlerin, stehen. Sie hält einen Strauß bunter Tulpen in der Hand. „Jetzt gibt es wieder mehr Farbenpracht", sagt sie. „Endlich sind die bunten Frühlingsblumen gekommen!" Gelbe Narzissen, lila Traubenhyazinthen, rosa Pfirsichblüten – hier hat wirklich der Lenz vorbeigeschaut. Frühlingsfreudig gehe ich zu Erol, um zu schauen, ob endlich auch der Rhabarber bei uns auf dem Markt angekommen ist, damit ich gleich heute mein Marmeladenjahr beginnen kann.

Übersetzt bedeutet Rhabarber „fremde Wurzel". In Europa haben wir ihn erst spät, im 18. Jahrhundert, kennengelernt. Eigentlich wurde das Gemüse vor allem in England bekannt, wo es für medizinische Zwecke angebaut wurde. Dann ermöglichte das Sinken des Zuckerpreises, süße Rhabarbergerichte günstig anzubieten. So perfektionierten die findigen Engländer im Rhabarber-Dreieck um Yorkshire das Austreiben bei völliger Dunkelheit, um die Erntezeit zu verlängern. Bei Kerzenschein geerntet, brachte der Rhabarber-Express die Stangen über Nacht zu den Londoner Märkten. Heute hat der Rhabarber auch in den heimischen Küchen Einzug gehalten.

„Der Glashaus-Rhabarber ist viel zarter und schlanker als der aus dem Freiland", erklärt mir Erol. „Die roten Sorten enthalten weniger Säure und haben ein zartes Himbeeraroma, so wie der Rosenrhabarber hier." „Aber gesund ist er immer, egal, wo er wächst", ruft eine junge Frau. „Voller Vitamine und Mineralstoffe, blutreinigend und entgiftend soll er auch sein, ich backe gleich heute einen Rhabarberstrudel!" „Das ist mal eine wohlschmeckende Frühjahrskur", schmunzle ich im Stillen, als eine Mutter mit zwei kleinen Kindern ein Kilo Rhabarber bestellt. „Ich mache morgen einen Rührkuchen mit Vanille", sagt sie, „mit frischer Rhabarbermarmelade und einem Klecks dickem Joghurt drauf! Übrigens hat meine Omi immer gesagt, dass wir Rhabarber nur bis zur Johannisnacht Mitte Juni essen sollen, sonst hat er zu viel Oxalsäure."

Voller Rhabarberlust sitze ich später mit Daniel im Café, um das Menü zu besprechen. Ich möchte eine pfingstrosenfarbene Suppe machen, mit scharfen Raunen und etwas Sauerrahm – und als Kontrast dazu süß eingelegten Rhabarber.
„Oh ja", sagt er. „Und die Woche drauf machen wir cremige Polenta mit Spinat und Rhabarber und dazu Gewürzgranola zum Knuspern." Ein sportlicher Herr am Nebentisch mischt sich ein: „Jetzt gibt es schon Bärlauch im Wald, er würde gut dazu passen!" „Einen coolen Namen brauchen wir auch, das wird eine Polenta-Bowl", ruft der Älteste begeistert, „mit einem Spiegelei obendrauf, Ostern ist ja auch nicht mehr weit!"

RAUNENSUPPE
mit eingelegtem Rhabarber

Rhabarber

10 g Kristallzucker
150 g Apfelsaft
1 Sternanis
1 Handvoll Rhabarber, in kleine Stücke geschnitten

Suppe

2 EL Butter
2 EL Sonnenblumenöl
1 Zwiebel, geschält und in kleine Würfel geschnitten
1 Karotte, geschält und in kleine Würfel geschnitten
2 Stangen Stangenzeller, in kleine Würfel geschnitten
3 große Raunen (ca. 500 g), geschält und in Würfel geschnitten
1 gehäufter TL frisch geriebener Ingwer
ca. 1 ½ l Gemüsefond
1 Lorbeerblatt
Salz
frisch gemahlener Pfeffer
Zitronensaft nach Geschmack
Cayennepfeffer oder Chilipulver nach Geschmack

Nach Lust und Laune

Sauerrahm
rosa Pfefferbeeren
Sprossen
zarte Mangoldblätter

Für den **Rhabarber** den Zucker in einem kleinen Topf zu goldgelbem Karamell schmelzen, dabei nicht rühren, sondern den Topf schwenken, damit der gesamte Zucker schmilzt. Mit dem Apfelsaft aufgießen (Achtung, Spritzgefahr!), den Sternanis hinzufügen und alles so lange köcheln lassen, bis sich der Karamell vom Boden löst. Den Rhabarber in den Sud einlegen, einmal aufkochen, dann ca. 30 Minuten bei Zimmertemperatur ziehen lassen.

Für die **Suppe** die Butter und das Sonnenblumenöl in einem großen Topf erhitzen, darin die Zwiebelwürfel kurz anbraten.

Nun Karotte, Stangenzeller und Raunen hinzufügen und so lange braten, bis das Gemüse zu karamellisieren beginnt. Den Ingwer hineinrühren und mit so viel Gemüsefond aufgießen, dass das Gemüse bedeckt ist. Das Lorbeerblatt hinzufügen. So lange kochen lassen, bis das Gemüse weich ist. Das Lorbeerblatt herausfischen, die Suppe pürieren und mit Gemüsefond auf die gewünschte Konsistenz bringen. Mit Salz, Pfeffer, Zitronensaft und Cayennepfeffer oder Chili abschmecken.

Die Suppe mit dem Rhabarber in Schalen anrichten und nach Lust und Laune mit Sauerrahm, rosa Pfefferbeeren, Sprossen und Mangoldblättern dekorieren.

Ich glaube, jeder Mensch hat im Himmel eine Jahreszeit zugeteilt bekommen – meine ist sicherlich der Frühling.

Diese Suppe kommt mir da schon ob ihrer Farbe sehr gelegen, sie erinnert mich mit ihrem Rosa an meine geliebten Pfingstrosen, die das ganze Jahr in meinem Blumenbeet grün vor sich hinleben dürfen, weil sie mich eine Woche im Jahr mit den wunderschönsten Blüten erfreuen. Zurück zur Küche und zur Suppe: Wir legen Rhabarber ein, schärfen die Raunen, damit sie der fruchtigen Süße Einhalt gebieten und verquirlen den Sauerrahm für einen dramatischen Effekt.

Zarte Mangoldblättchen mit ihren Adern und rosa Pfefferbeeren nehmen den Farbeffekt wieder auf. Wer hätte gedacht, dass Kochen ein so künstlerisches Erlebnis sein kann?

Gewürzgranola

2 EL Wasser
30 g Honig
½ TL Salz
50 g Haferflocken
50 g Nüsse und Kerne nach Geschmack (Mandelstifte, Kürbiskerne ...)
½ TL Ras el Hanout
oder Gewürze nach Geschmack

Rhabarber

200 g Rhabarber, in 5 cm lange Stücke geschnitten und je nach Dicke längs halbiert
Saft sowie fein abgeriebene Schale einer halben Bio-Orange
1 EL Kristallzucker
1 TL Salz
1 EL Himbeeressig

Polenta

620 g Milch
200 g Schlagobers
2 Zweige Thymian
1 Lorbeerblatt
170 g Polenta
1 EL Butter
100 g frisch geriebener Parmesan
Salz
frisch gemahlener Pfeffer

Spinat

4 EL Butter
500 g frischer Blattspinat (je nach Jahreszeit und Geschmack mit Bärlauch oder Brennnessel gemischt)
Salz
1 Knoblauchzehe, geschält und gerieben
frisch gemahlener Pfeffer

Spiegeleier

4 EL Sonnenblumenöl
4 Bio-Eier

CREMIGE POLENTA

mit Spinat, pikantem Rhabarber, Gewürzgranola und Spiegelei

Für das **Gewürzgranola** das Backrohr auf 160 °C Ober-/Unterhitze vorheizen. Das Wasser, den Honig und das Salz in einem kleinen Topf einmal aufkochen lassen. Die Haferflocken und Nüsse bzw. Kerne in einer kleinen Auflaufform vermischen und den Sirup darübergießen. Alles auf ein mit Backpapier ausgelegtes Blech geben und das Granola im Rohr ca. 35 Minuten goldbraun backen, dabei alle 10 Minuten wenden, damit es gleichmäßig röstet. Aus dem Rohr nehmen, sofort mit dem Ras el Hanout vermischen und abkühlen lassen.

Für den **Rhabarber** die Temperatur des Backrohrs auf 180 °C Ober-/Unterhitze erhöhen. Die Rhabarberstücke in eine Auflaufform legen, Orangensaft und -schale darübergeben, Zucker und Salz hinzufügen und mischen. Ca. 10 Minuten im Rohr bissfest garen, anschließend herausnehmen. (Bei der Garzeit bedenken, dass der Rhabarber beim Abkühlen noch nachzieht.) Den Rhabarber mit Himbeeressig beträufeln, im entstandenen Sud wenden und abkühlen lassen.

Für die **Polenta** die Milch mit dem Schlagobers in einem breiten Topf erhitzen, salzen, den Thymian und das Lorbeerblatt hinzufügen und 10 Minuten ziehen lassen. Dann noch einmal aufkochen, die Polenta einrühren, die Hitze reduzieren und die Polenta unter Rühren einige Minuten cremig verkochen lassen. Am Schluss die Gewürze herausfischen, die Butter und den Parmesan einrühren und die Polenta mit Salz und Pfeffer abschmecken.

Für den **Spinat** die Butter in einem Topf bei mittlerer Hitze zerlassen, dann leicht köcheln lassen, bis sie braun wird und nussig riecht. Zu diesem Zeitpunkt sofort den Spinat in die Pfanne geben, salzen, mit geriebenem Knoblauch vermischen und rühren, bis die Blätter zusammengefallen sind. Mit Salz und Pfeffer abschmecken.

Für die **Spiegeleier** das Sonnenblumenöl in einer Pfanne erhitzen und die Eier hineingleiten lassen. Ca. 2 Minuten bei mittlerer Hitze braten, dann entweder mit einem Deckel oder mit Alufolie abdecken. Wenn das Eiklar gestockt ist, sind die Spiegeleier fertig.

Die Polenta mit dem Blattspinat, dem Gewürzgranola, dem pikanten Rhabarber und den Spiegeleiern anrichten.

Daniel, unser Koch, hat dieses Gericht erfunden und ich bin jedes Mal, wenn ich es koche, erstaunt, wie kreativ und doch einfach es ist. Das knusprige Granola wird orientalisch-pikant interpretiert, der Rhabarber bissfest gegart und mit Essig mariniert, der frische Blattspinat schmeckt nach gesundem Frühling und die Polenta ist einfach herrlich cremig.

GLEICHSCHWERKUCHEN
mit Rhabarbermarmelade

Für eine Kastenform von 25 cm Länge

Rhabarbermarmelade

1 kg Rhabarber, in kleine Stücke geschnitten
700 g Gelierzucker 1:1
Saft einer Zitrone

Kuchen

4 mittelgroße zimmerwarme Bio-Eier
(bei Bedarf in warmes Wasser legen), getrennt
1 Prise Salz
200 g weiche Butter plus zerlassene Butter für
die Form und zum Bestreichen
200 g Staubzucker
plus Staubzucker zum Bestreuen
1 EL Vanillezucker
200 g glattes Mehl Type W480 plus Mehl für die Form

Vanilleobers

120 g Schlagobers
50 g Crème fraîche
Vanillezucker nach Geschmack

Für die **Marmelade** den Rhabarber mit dem Zucker und dem Zitronensaft in einem breiten Topf vermischen und auf dem Herd bei allerkleinster Hitze rühren, bis Saft heraustritt. Dann einmal aufkochen lassen, umrühren und idealerweise einige Stunden ziehen (mazerieren) lassen. (Unter Zeitdruck ist es auch möglich, sofort weiterzuarbeiten.)

Die Rhabarbermischung bei höchster Hitze aufkochen, dabei stetig rühren. Den entstehenden Schaum mit einem flachen Sieb abschöpfen. Weiterkochen, bis die Blasen größer werden und der Schaum abnimmt. Einen Tropfen Marmelade auf einen kühlen Teller geben und mit einem Finger hindurchstreichen: Bleibt der Streifen sichtbar, ist die Marmelade fertig.

Die Marmelade vom Herd ziehen und mithilfe eines Marmeladetrichters fast randvoll in saubere (sterilisierte) Gläser füllen. Die Gläser sofort verschließen und umdrehen, damit sich ein Vakuum bildet und keine Bakterien entstehen können. Die Marmelade ist mindestens 3 Monate haltbar.

Für den **Kuchen** das Backrohr auf 180 °C Ober-/Unterhitze vorheizen. Die Eiklar mit dem Salz mit den Quirlen des Handmixers zu steifem, glänzendem Schnee schlagen. Die Butter mit dem Staubzucker und dem Vanillezucker mit den Quirlen des Mixers sehr schaumig rühren. Dann nach und nach die Dotter unterrühren, zwischen der Zugabe der Dotter jeweils mindestens 1 Minute rühren.

Ein Drittel des Mehls zur Buttermischung geben, mit einem Spatel vermengen, dann ein Drittel des Eischnees unterheben. Auf diese Weise fortfahren, bis alles eingearbeitet ist.

Die Kastenform mit zerlassener Butter ausstreichen und mit Mehl ausstreuen, den Teig einfüllen. Mit einem Pinsel einen Streifen zerlassene Butter längs mittig auf den Teig träufeln, damit er dort schön einreißt. Den Kuchen ca. 45 Minuten backen, bis ein in die Mitte gestecktes Holzstäbchen trocken herausgezogen werden kann. Nach 35 Minuten bei Bedarf mit Alufolie abdecken, damit er nicht zu stark bräunt. Anschließend herausnehmen, aus der Form stürzen und mit der geraden Seite auf einen Teller stellen. Vor dem Servieren etwas abkühlen lassen.

Für das **Vanilleobers** Schlagobers und Crème fraîche mit dem Mixer leicht aufschlagen, verrühren und mit dem Vanillezucker nach Geschmack süßen (dabei bedenken, dass die Marmelade ebenfalls süß ist).

Den Kuchen bezuckern und mit der Rhabarbermarmelade und dem Obers servieren.

Welchen Kuchen würdet ihr auf eine einsame Insel mitnehmen?

Bei mir wäre es dieser buttrige, vanillige Kuchen, der als Krönung einen Klecks frische Rhabarbermarmelade aufgesetzt bekommt. Er ist das ganze Jahr über der perfekte Begleiter zur Kaffeejause, Reste esse ich noch Tage später gern zum Frühstück.

Die Marmelade muss für meinen Geschmack ein wenig säuerlich sein: Im Sommer gibt es statt Rhabarber Kriecherl oder die Früchte der Felsenbirne, mit Beeren und Kirschen vermischt – unsere Marmeladekönigin des Jahres.

RHABARBER-PIE

Das ist meine Interpretation des wohl berühmtesten amerikanischen Kuchens: dem Pie. Hier mit Rhabarber gefüllt und mit orientalischen Einklängen versehen – Rosenwasser und Mandelduft.

Der Trick beim Backen besteht darin, dem Boden am Schluss ein paar Extraminuten Hitze zu geben, damit er auch nach dem Auskühlen knusprig bleibt. Ich hoffe, ich kann euch mit diesem Rezept dazu ermutigen, mit verschiedenen Gewürzen aus unterschiedlichen Kulturen zu spielen.

Für den **Teig** den Dotter mit dem Wasser versprudeln. Die Butter, den Zucker, das Salz und das Mehl mit den Knethaken des Mixers verbröseln, bis sich die Butter mit den übrigen Zutaten zu erbsengroßen Stücken verbunden hat. Dann die Dottermischung hinzufügen und nur so lange kneten, bis sich alle Zutaten zu einem glatten Teig zusammenfügen. (Alternativ alle Zutaten nicht zu lang von Hand kneten, bis sie sich verbinden.) Den Teig halbieren, zu 2 Scheiben formen, in Frischhaltefolie wickeln und mindestens 2 Stunden oder über Nacht im Kühlschrank rasten lassen (der Teig hält sich bis zu 3 Tage im Kühlschrank oder ca. 1 Monat im Tiefkühler, gut auch in der Form).

Für die **Fülle** den Rhabarber mit dem Zucker und dem Zitronensaft in einem Topf auf kleinster Flamme erhitzen und durchrühren. Sobald der Rhabarber Saft zu lassen beginnt, die Hitze erhöhen und die Mischung ca. 10 Minuten köcheln lassen. Mit der Speisestärke verrühren, mit dem Rosenwasser aromatisieren und vollständig auskühlen lassen.

Den Teig 10 Minuten vor der Weiterverarbeitung aus dem Kühlschrank nehmen. Das Backrohr auf 180 °C Ober-/Unterhitze vorheizen, dabei ein Backblech mit aufheizen. Eine Teigscheibe auf einer bemehlten Arbeitsfläche mit dem Nudelholz ca. 3 mm dick ausrollen. Dann um das Nudelholz wickeln und über der Pieform wieder abrollen. Glatt auf den Boden der Form legen, dann am unteren Ende der Form beginnend gleichmäßig mit leichtem Druck an den Rand legen, damit keine Hohlräume entstehen, anschließend wieder in den Kühlschrank stellen. Die andere Teigscheibe ebenso ausrollen und kühlen.

Die Pieform aus dem Kühlschrank nehmen und den Teigrand mit einem scharfen Messer sauber abschneiden. Den Boden der Form mit den Amarettibröseln bedecken. Die kalte Rhabarbermischung in die vorbereitete Form gießen und mit der zweiten Teigplatte bedecken. Auch den Rand der zweiten Platte abschneiden. Beide Teigplatten mit einer Gabel zusammendrücken, damit der Teig zusammenhält und ein dekoratives Muster entsteht. In die Mitte mit einem scharfen kleinen Messer Schlitze schneiden, damit der Dampf entweichen kann.

Das Ei verquirlen und auf den Teig streichen. Den Pie auf das heiße Blech setzen und ca. 50 Minuten goldbraun backen. Falls möglich, das Rohr während der letzten 10 Minuten Backzeit auf 190 °C Unterhitze stellen, damit auch der Boden schön knusprig wird. Den Pie aus dem Rohr nehmen und etwas abkühlen lassen.

Für eine Pieform von 3 cm Höhe und 20 cm ø

Teig

1 Dotter von einem Bio-Ei
80 g kaltes Wasser
300 g kalte Butter, in kleine Stücke geschnitten
25 g Kristallzucker
8 g Salz
400 g glattes Mehl Type W480
plus Mehl für die Arbeitsfläche
1 Bio-Ei zum Bestreichen

Fülle

1 kg Rhabarber, in kleine Stücke geschnitten
220 g Kristallzucker
Saft einer halben Zitrone
1 ½ EL Speisestärke
¼ TL Rosenwasser
40 g Amarettikekse, zerbröselt

Vegans Are EVIL
EAT MEAT
I have deep emotional feelings

MARKTGESCHICHTEN

BRENNNESSEL

„Stell dir vor, ich hab heute auf meinem Spaziergang die ersten Brennnesseln gesehen", erzähle ich meiner Schwiegermutter bei unserem Telefonat. „Ach, ist das schön zu hören, dass der Frühling ins Land zieht", erwidert sie. „Vielleicht könnt ihr mir ein paar Blätter pflücken, dann kann ich eine Suppe daraus kochen. Eigentlich müsste ich sie mit anderen Kräutern am Gründonnerstag zubereiten, dann haben wir das ganze Jahr keine Geldnot – hat zumindest die Omi immer gesagt."

Schon die Germanen haben die Brennnessel hoch geschätzt, war sie doch dem Blitz- und Donnergott Thor geweiht, der auch für die Fruchtbarkeit zuständig war. Ganz ohne wissenschaftliche Untersuchung wussten die Germanen offenbar um die entwässernde und entgiftende Wirkung der unscheinbaren Pflanze und verspeisten sie im Frühling.

„Ich schnappe mir jeden Tag ein Körblein und pflücke in meinem Garten Kräuter und Brennnesselblätter, um einen gesunden Tee zu kochen", erzählt meine Cousine am Telefon. „Und ein Brennnesselpesto hab ich im Frühling immer im Kühlschrank! Wenn die Brennnesseln in den Gärten als Wildkräuter blühen dürfen, finden die Raupen der Schmetterlinge genug Nahrung. Wie schön ist es dann im Sommer: all die schönen Falter, der kleine Fuchs, das Tagpfauenauge oder der Admiral. Darauf freue ich mich." „Mein neues Hobby ist, Ravioli selber zu machen", meint ihr Mann, den ich unscharf auf meinem Handybildschirm erkennen kann. Mhmm, gefüllt mit Topfen und Brennnesseln, dazu Kirschparadeiser und Pinienkerne, diese Anregung nehme ich gleich für das morgige Abendessen mit.

Doch erst mal koche ich am Abend ein Brennnesselrisotto, das ich vor Jahren in Italien kennengelernt habe. „Brennnesseln sind gesund, sie haben doppelt soviel Vitamin C wie Orangen, außerdem Eisen und Spurenelemente, gesundes Essen können wir immer brauchen", kläre ich den Liebsten auf, als ich Parmesan über das Risotto hoble. „Und zum Gabelfrühstück morgen bekommst du Brennnesselspinat mit brauner Butter und pochiertem Ei." „Das Homeoffice hat ja auch gute Seiten", schmunzelt der Liebste. „An das gute Essen im neuen Büroalltag könnte ich mich gewöhnen."

Später knete ich den Teig für eine frühlingshafte Brennnesselquiche, mit knusprigem Mürbteig, Topfen und Zitronenschale als Frischekick. Die gibt es morgen zum sonntäglichen Familienessen, allerdings nur für den Liebsten und mich, die Kinder sehen wir in der aktuellen Corona-Zeit nur über den Computer. Als ich die Mittlere auf dem Schirm erkenne, kann ich es mir nicht verkneifen, sie zu bemuttern: „Das sind Brennnesseln in der Quiche, die sind für dich als Vegetarierin so gesund, sie haben doppelt so viel Eiweiß wie Soja." „Mama!", ruft sie lachend. „Du mit deinem Gemüse! Da fehlen ja nur noch die Gänseblümchen als Deko." „Gute Idee", denk ich mir und gehe gleich nach dem Telefonat in den Garten zum Blumenpflücken.

Für eine Tarteform von 26 cm ø
oder ebensolcher Länge

Teig

1 mittelgroßes Bio-Ei
2 EL sehr kaltes Wasser
250 g glattes Mehl Type W480
plus Mehl für die Arbeitsfläche
1 TL Salz
½ TL Kristallzucker
125 g kalte Butter, in kleine Stücke geschnitten,
plus Butter für die Form

Fülle

1 Zwiebel, geschält und in kleine Würfel
geschnitten
3 EL Olivenöl
500 g Brennnesselblätter
oder Brennnessel mit Babyspinat gemischt
Salz
frisch gemahlener Pfeffer
frisch geriebene Muskatnuss
500 g Topfen (20 %)
100 g Milch
3 Bio-Eier
fein abgeriebene Schale einer Bio-Zitrone

BRENNNESSELQUICHE

Für den **Teig** das Ei mit dem Wasser versprudeln. Das Mehl mit dem Salz und dem Zucker in einer Schüssel vermischen. Die Butter mit den Knethaken des Mixers in die Mehlmischung rühren, bis die Butterstücke erbsengroß sind. Dann die Eimischung dazugeben und nur so lange kneten, bis sich alle Zutaten zu einem Teig zusammenfügen. (Alternativ alle Zutaten nicht zu lang von Hand kneten, bis sie sich verbinden.) Zu einer Scheibe formen, in Frischhaltefolie wickeln und mindestens 2 Stunden oder über Nacht im Kühlschrank rasten lassen (der Teig hält sich bis zu 3 Tage im Kühlschrank oder ca. 1 Monat im Tiefkühler, gut auch in der Form).

Den Teig 10 Minuten vor der Weiterverarbeitung aus dem Kühlschrank nehmen. Das Backrohr auf 180 °C Ober-/Unterhitze vorheizen. Die Tarteform mit wenig Butter einfetten. Den Teig auf einer bemehlten Arbeitsfläche mit dem Nudelholz ca. 4 mm dick ausrollen. Dann um das Nudelholz wickeln und über der Tarteform wieder abrollen. Glatt auf den Boden der Form legen, dann am unteren Ende der Form beginnend gleichmäßig mit leichtem Druck an den Rand legen, damit keine Hohlräume entstehen. Den Teig entlang des oberen Randes der Form mit einem kleinen scharfen Messer sauber abschneiden. Bis zur weiteren Verwendung kalt stellen.

Für die **Fülle** die Zwiebelwürfel in Olivenöl anbraten, dann die Brennnesselblätter dazugeben und zusammenfallen lassen, gut mit Salz, Pfeffer und Muskatnuss würzen. Den Topfen mit der Milch, den Eiern und der Zitronenschale verrühren, ebenfalls gut mit Salz und Pfeffer würzen. Die Brennnesselmischung unter die Topfenmischung rühren.

Die Fülle in die vorbereitete Form geben und die Quiche 50–60 Minuten backen, bis die Fülle fest ist. Aus dem Rohr nehmen und heiß oder lauwarm servieren.

Das war mein erstes Brennnesselrezept, das ich für die Kurier-*freizeit* *geschrieben habe. Ich war wirklich erstaunt, wie köstlich dieses Wildkraut ist, denn ich habe mir Brennnesseln immer herb und nach gesundem Kräutertee schmeckend vorgestellt – aber weit gefehlt.*

Die ersten buttrigen Brennnesseln – probeweise in einer Eierspeis verkocht – haben mir die Augen geöffnet: Sie sind krautig-nussig, mit feinem Biss, einfach herrlich.

Ich hoffe, ich kann euch alle zum Brennnesselsammeln animieren, denn Kräuter und Beeren, die uns Mutter Erde im Überfluss zur Verfügung stellt, zu feinen Speisen zu verarbeiten, ist etwas ganz Besonderes!

BRENNNESSELRAVIOLI
mit Kirschparadeisern und Pinienkernen

Teig

130 g glattes Mehl Type W480
70 g Hartweizengrieß
plus Hartweizengrieß für die Arbeitsfläche
2 Bio-Eier
1 EL kaltes Wasser

Fülle

50 g Brennnesselblätter (ca. 3 große Handvoll)
Salz
250 g Topfen (20 %)
70 g frisch geriebener Parmesan
plus Parmesan zum Bestreuen
fein abgeriebene Schale einer Bio-Zitrone

300 g Kirschparadeiser, halbiert
Olivenöl
Thymianblättchen
1 Handvoll Pinienkerne, in einer Pfanne trocken und sanft geröstet

Neben der Kunst, das eigene Brot zu backen, habe ich heuer auch das Nudelmachen perfektioniert.

Dazu gibt es selbst gepflückte Brennnesseln, die bis in den Herbst hinein frische hellgrüne Blätter bekommen. Ich bin immer noch jedes Mal begeistert, wie kostengünstig ein so außergewöhnlich gutes Essen am Tisch steht.

Nudeln selbst zuzubereiten geht viel schneller als gedacht. Da kommt die Familie aus dem Staunen nicht mehr heraus!

Für den **Teig** das Mehl mit dem Hartweizengrieß in einer großen Schüssel vermischen und eine Mulde hineindrücken. Die Eier und das Wasser in die Mulde geben und mit einer Gabel verrühren. Nach und nach von innen nach außen Mehl und Grieß unter die Eier mischen, bis eine bröselige Masse entsteht. Nun ca. 10 Minuten kneten, bis der Teig glänzend und geschmeidig ist. Bedecken und 30 Minuten bei Zimmertemperatur rasten lassen.

Für die **Fülle** die Brennnesselblätter in kochendem Salzwasser blanchieren, dann herausheben und in Eiswasser abschrecken. Anschließend abtropfen lassen und das überschüssige Wasser ausdrücken. Mit den restlichen Zutaten im Cutter pürieren und nach Geschmack salzen.

Die Arbeitsfläche mit Hartweizengrieß bestreuen. Den Teig dritteln und mit dem Nudelwalker länglich und so dünn ausrollen, dass er fast durchsichtig ist. Wenn nötig, mit Grieß bestreuen, damit nichts kleben bleibt.

Nun Teigbahnen von ca. 12 cm Breite zurechtschneiden. Teelöffelgroße Häufchen auf die untere Hälfte einer Teigbahn platzieren, dazwischen jeweils ca. 5 cm Platz lassen. Nun die obere Hälfte des Teiges über die Fülle legen und rundherum so festdrücken, dass keine Luft eingeschlossen wird. Mit einem Teigrad oder einem scharfen Messer in Quadrate schneiden. Den restlichen Teig und die Fülle ebenso verarbeiten.

Die Kirschparadeiser bei mittlerer Hitze in etwas Olivenöl erwärmen.

Die Ravioli in reichlich Salzwasser ca. 3 Minuten zart kochen lassen, abseihen und in den Kirschparadeisern schwenken. Mit Parmesan, Thymian und Pinienkernen bestreut servieren.

Tipp

Außerhalb der Saison Spinatblätter verwenden.

BRENNNESSEL-QUINOA-SALAT
mit Pistazien und grünem Gemüse

120 g Quinoa
Salz
1 Lorbeerblatt
1 Zweig Thymian
500 g breite Fisolen, das harte Ende entfernt, eventuelle Fäden gezogen
1 Brokkoli, in kleine Röschen zerteilt
120 g Erbsen (TK)
1 EL Weißweinessig
7 EL Olivenöl plus Öl zum Abschmecken
½ TL Senf
2 große Handvoll Brennnesseln mit Stielen, grob gehackt
Saft sowie 2 TL fein abgeriebene Schale einer Bio-Zitrone
1 EL Mandelstifte
frisch gemahlener Pfeffer
1 Handvoll geröstete Pistazien

Unser Haus in den Bergen ist mein zweites Zuhause und ich bin glücklich, immer mehr Zeit dort verbringen zu können.

Ich entdecke bei jedem Spaziergang mein inneres Kräuterweiblein und sammle Dost und Quendel für die Küche und Minze und Frauenmantel für den Tee. So staunten im letzten Sommer Freundinnen, die auf einen Überraschungsbesuch gekommen waren, nicht schlecht, als ich beim Seespaziergang frische Brennnesseln pflückte.

Flugs wurde zu Hause daraus ein Pesto zusammengerührt – der Salat war dann der Überraschungsstar des Abendessens.

Die Quinoa in gut gesalzenem Wasser mit dem Lorbeerblatt und dem Thymian 15–20 Minuten weich kochen, bei Bedarf Wasser nachgießen (sie quillt stark auf).

Reichlich Wasser in einem Topf zum Kochen bringen und salzen. Die Fisolen darin bissfest kochen, mit einem Siebschöpfer herausheben und in Eiswasser abschrecken. In eine Schüssel geben. Die Brokkoliröschen und die Erbsen ebenso garen und in die Schüssel geben. Das heiße Wasser im Topf aufbewahren.

Essig, 3 EL Olivenöl und Senf in ein Marmeladeglas geben, dieses verschließen und alles zu einer Marinade schütteln. Mit Salz abschmecken und unter das Gemüse mischen.

Das Wasser im Topf erneut zum Kochen bringen. Die Brennnesseln samt Stängeln 1–2 Minuten im kochenden Wasser blanchieren, dann in einem Sieb abseihen und in Eiswasser abschrecken. Anschließend abtropfen lassen und das überschüssige Wasser ausdrücken.

Die Zitronenschale mit ½ TL Salz, den Mandelstiften und 4 EL Olivenöl im Cutter oder mit dem Stabmixer vermischen, dann die Brennnesseln dazugeben und alles fein pürieren.

Die Quinoa abseihen und die Gewürze herausfischen. Noch heiß mit dem Brennnesselpesto vermischen und mit Zitronensaft, Salz, Pfeffer und Olivenöl abschmecken.

Die Pistazien grob hacken. Die Quinoa auf Teller geben, das Gemüse darauf anrichten und mit den Pistazien und etwas Salz bestreuen.

BRENNNESSELKUCHEN

Für eine Kastenform von 25 cm Länge

80 g zerlassene Butter,
plus etwas für die Form und 2 EL Butter zum Anbraten
2 große Handvoll zarte Brennnesselblätter
Salz
frisch gemahlener Pfeffer
4 Bio-Eier
150 g glattes Mehl Type W480 plus Mehl für die Form
1 TL Backpulver
80 g geriebener Hartkäse
5 getrocknete Paradeiserhälften in Öl, in Streifen geschnitten
100 g Feta, in kleine Stücke geschnitten

Das Backrohr auf 180 °C Ober-/Unterhitze vorheizen. Die Kastenform mit zerlassener Butter ausstreichen und mit Mehl ausstreuen.

2 EL Butter in einem Topf schmelzen, bis sie zart bräunt. Die Brennnesselblätter hinzufügen und unter Rühren zusammenfallen lassen, dann salzen und pfeffern.

Die Eier mit 1 TL Salz in einer Schüssel mit den Quirlen des Handmixers kurz schaumig rühren, dann die zerlassene Butter unterrühren. Das Mehl mit dem Backpulver versieben und kurz unter die Eiermasse rühren. Anschließend den geriebenen Käse, die getrockneten Paradeiser, den Feta und die Brennnesselblätter unterheben. Die Masse in die vorbereitete Kastenform füllen und 35–45 Minuten backen, bis ein in die Mitte gestecktes Holzstäbchen trocken herausgezogen werden kann.

Den Kuchen aus der Form stürzen, mit der geraden Seite auf einen Teller oder eine Platte stellen und servieren.

Dieser Kuchen ist für alle, die ihn von mir serviert bekommen, die Liebe auf den zweiten Blick, aber den ersten Biss. „Brennnesselkuchen?", werde ich dann immer mit ungläubigem Blick gefragt. „Wirklich, du hast die Brennnesseln selbst gepflückt?" Ich antworte dann immer schmunzelnd, dass Ausprobieren der beste Ratgeber sei – zufriedene „Ahs" und „Ohs" geben mir recht.

BERGER

GESCHNITTENES
KRAUT

Stadt
Wien

ERDBEERE

MARKTGESCHICHTEN

Die ältere Dame vor mir bestellt vier Tassen „Ananas". Wie lange habe ich diesen Ausdruck nicht mehr gehört? Für alle, die ihn nicht kennen: Gemeint sind vier Schüsseln mit Erdbeeren. Sofort lege ich den Begriff geistig zu den Wörtern, die ich bewusst wieder verwenden will, damit sie nicht vergessen werden. Die Erdbeere ist momentan allgegenwärtig am Markt. Ich lausche dem Gespräch mit der Dame, denn es geht um Erdbeermarmelade, und das Marmeladekochen ist ein besonderes Steckenpferd von mir. Erol empfiehlt die Freilanderdbeeren, die man nun bekommt, da sie viel besser zum Einkochen wären. Gut, dass sie noch etwas gewartet hat, mit ihrer Lust nach dem Obst. „Ich gebe immer ein bisschen Himbeeren zu den Erdbeeren, sie verstärken die Farbe und den Geschmack und geben mehr Pektin zum Gelieren", gebe ich der Dame als Tipp mit auf den Weg. „Und wenn der Holler blüht, halte ich die letzte Minute des Kochens eine Hollerdolde in die Erdbeermarmelade, meine Enkel lieben den Geschmack", erzählt sie mir, und so habe auch ich wieder etwas Neues dazugelernt.

Erdbeeren gehören in Österreich zum Frühsommer wie der letzte Schneefall zu den Eisheiligen. Botanisch betrachtet ist die Erdbeere aber gar keine Beere, sondern gehört zu den Rosengewächsen und ist wohl auch deswegen ein Attribut der Liebesgöttin Venus. Wahrlich göttlich schmeckt sie tatsächlich, vor allem, wenn sie viel Sonne tanken konnte. Zudem sind die roten Früchtchen wahre Vitamin-C-Bomben, beinhalten sie doch mehr davon als Zitrusfrüchte. Früher waren sie als das beste Essen für Schwangere bekannt, wahrscheinlich wegen des hohen Gehalts an Folsäure, zusätzlich strotzen sie nur so von Mineralstoffen.

Ich möchte von Erol noch wissen, wie ich die besten Freilanderdbeeren erkenne. „Sie sind nicht so sauber", sagt er, „an ihnen haftet noch ein bisschen Erde und auch ein wenig Stroh! Und sie riechen ganz intensiv nach Erdbeeren!" Das Beste ist aber wohl, einfach eine kleine Beere zu kosten.

Im Café überlege ich mit Daniel, wie wir die Erdbeeren zum Star im Sommersalat machen können. Sie werden mit rotem Chili kombiniert, um die Süße anzufeuern. Stangenzeller sorgt für Biss, Kirschparadeiser passen gut, weil sie jetzt auch schon süß sind, dazu gibt's frische Kräuter und cremigen Ziegenkäse; das alles auf einem Bett aus körnigem Bulgur – genau das Richtige für warme Junitage. Die restlichen Erdbeeren werden in einer Schüssel mit der Gabel zerdrückt, eine Aufgabe, die sämtliche Familienmitglieder verweigern, bis mein Lieblingskind, der Freund meiner Tochter, sich dazu erbarmt. Anschließend vermische ich sie mit etwas Staubzucker und Sauerrahm. Und wenn dann alle glücklich diese altmodische Nachspeise löffeln, gibt's als Nachschlag ein paar Anekdoten der Oma, die immer Ananas zu den Erdbeeren gesagt hat.

FRÜHLINGSSALAT
mit Bulgur und Chili-Erdbeeren

Den Bulgur in eine Schüssel geben, mit Zitronensaft und -schale, 1 TL Salz und 1 EL Olivenöl vermengen. Dann mit 200 g kochendem Wasser aufgießen und ziehen lassen, bis der Bulgur die ganze Wassermenge aufgesogen hat.

Den Stangenzeller mit je ¼ TL Salz und Zucker verkneten und 10 Minuten ziehen lassen.

Die Erdbeeren zart salzen, vorsichtig mit der Chilischote und der Orangenschale vermengen und ca. 10 Minuten ziehen lassen. Dabei immer wieder vorsichtig umrühren (je länger die Erdbeeren ziehen, umso feuriger werden sie).

Den abgekühlten Bulgur mit dem Petersil und dem Rucola vermischen, den Stangenzeller mit dem entstandenen Saft untermengen und mit Salz, Zitronensaft und Olivenöl abschmecken. Die Kirschparadeiser vorsichtig unterheben. Die Chilischote aus den Erdbeeren fischen.

Den Bulgursalat auf Tellern oder in Schüsseln anrichten, mit den Erdbeeren belegen und den Käse darüberbröseln.

Dies war mein erstes Rezept, das ich für die Kurier-*freizeit*
geschrieben habe – wie war ich aufgeregt!
Noch dazu waren wir an
besagtem Samstag in der Steiermark und meine Münchner
Blumenhändler-Familie war vorbeigekommen, um in der
Nähe eine Hochzeit zu dekorieren.

So sind wir gemeinsam zum Schloss gefahren, haben Kränze
gebunden, Bänder geflochten, Blumen gesteckt und gemeinsam
die Tische wunderschön geschmückt. Am Abend gab es zum
Dessert die erste Marktgeschichte –
meine Omi wäre so stolz gewesen!

200 g Bulgur
Saft sowie 1 TL fein abgeriebene Schale einer halben Bio-Zitrone plus Saft zum Abschmecken
Salz
1 EL Olivenöl plus Öl zum Abschmecken
5 helle Stangen Stangenzeller, in dünne Scheiben geschnitten
¼ TL Kristallzucker
2 Handvoll Erdbeeren, geputzt und halbiert
1 kleine rote Chilischote, entkernt und geviertelt
½ TL fein abgeriebene Bio-Orangenschale
3 EL gehackte Petersilblätter
2 Handvoll Rucola
2 Handvoll Kirschparadeiser, halbiert
100 g halbfester Ziegenkäse oder Feta

ERDBEEREN
mit Rahm und Biscotti

Biscotti

60 g weiche Butter
220 g Staubzucker plus Staubzucker zum Bestreuen
1 EL Vanillezucker
1 Prise Salz
3 Bio-Eier, 2 davon zimmerwarm (bei Bedarf in warmes Wasser legen), 1 zum Bestreichen, verquirlt
260 g glattes Mehl Type W480
plus Mehl für die Arbeitsfläche
1 TL Backpulver
200 g Mandelstifte, in einer Pfanne trocken und sanft geröstet

Erdbeerrahm

500 g Erdbeeren, geputzt und geviertelt
250 g Sauerrahm
ca. 30 g Staubzucker

Ich habe eine Zeit lang in einer Notschlafstelle für Obdachlose ausgeholfen – als Dessert hat es an einem Abend zum Nachtmahl diese altmodische Nachspeise gegeben.

Es hat mich gerührt zu sehen, wie die Augen der Menschen aufleuchteten, als sie diese süße Speise kosteten. Vielleicht hängt mein Herz deshalb so an allem Süßen: weil es das i-Tüpfelchen beim Essen ist und ich so viele Menschen damit glücklich machen kann.

Für die **Biscotti** das Backrohr auf 180 °C Ober-/Unterhitze vorheizen. Die Butter mit dem Staub- und Vanillezucker und dem Salz mit den Quirlen des Handmixers in einer Schüssel schaumig rühren, dann nacheinander 2 Eier unterrühren. Das Mehl mit dem Backpulver vermischen und unter die Butter-Zucker-Mischung rühren, anschließend die ausgekühlten Mandeln mit einem Spatel unterheben.

Nun auf einer bemehlten Arbeitsfläche aus jeweils der Hälfte des Teiges eine Teigrolle in der Länge eines Bleches formen. Mit der bemehlten Handfläche vorsichtig etwas flach drücken (ca. 6 cm breit). Die Rollen nebeneinander mit genügend Abstand auf ein mit Backpapier ausgelegtes Blech legen, mit dem verquirlten Ei bestreichen und ca. 25 Minuten im Rohr schön braun backen.

Die Rollen ein wenig auskühlen lassen, die Temperatur des Backrohrs auf 160 °C reduzieren. Mit einem Sägemesser fingerdicke Scheiben von den Rollen abschneiden und mit der Schnittfläche auf das Backblech legen. Ca. 10 Minuten goldbraun backen, dann die Biscotti wenden und auch die zweite Seite goldbraun backen. (Vorsicht, die zweite Seite bräunt viel schneller als die erste!) Bei Bedarf in zwei Durchgängen backen, alternativ das Backrohr auf Heißluft schalten, die Temperatur auf 140 °C reduzieren und die Biscotti auf zwei Backblechen auf der untersten und obersten Schiene backen. Herausnehmen und auskühlen lassen, anschließend bezuckern.

Für den **Erdbeerrahm** die Erdbeeren in einer Schüssel mit einer Gabel leicht andrücken, sodass sie zerquetscht sind und Saft lassen. Mit dem Sauerrahm und nach Wunsch Staubzucker verrühren.

Erdbeerrahm und Biscotti gemeinsam servieren.

PAVLOVA
mit Erdbeeren

2 Eiklar von Bio-Eiern (75 g)
1 Prise Salz
100 g Kristallzucker
75 g Staubzucker, 50 g davon für den Eischnee, 25 g für das Schlagobers
250 g Schlagobers
1 TL Vanillezucker
300 g Erdbeeren, geputzt und geviertelt

Nach Lust und Laune

1 Handvoll Mandelblättchen, in einer Pfanne trocken und sanft geröstet
Minzblätter
Blüten (bitte darauf achten, dass sie ungespritzt sind)

Das Backrohr auf 120 °C Ober-/Unterhitze vorheizen. Eine große Schüssel gründlich mit heißem Wasser und Spülmittel ausspülen, damit sich absolut keine Fettreste darin befinden. Dann die Eiklar mit dem Salz mit den Quirlen des Handmixers in der Schüssel aufschlagen, bis die Masse schaumig wird. Nun nach und nach den Kristallzucker mit den Quirlen unterrühren, bis fester Schnee entstanden ist. 50 g Staubzucker mit einem Spatel vorsichtig unterheben.

Ein Backblech mit Backpapier auslegen und den festen Schnee mit einem Spatel in einem Kreis (ca. 26 cm ø) darauf verteilen. Mit der runden Seite eines Löffels eine Vertiefung mittig in den Schnee drücken und den Rand dekorativ gestalten. Die Pavlova ca. 1 Stunde trocken backen, sie soll sich anschließend leicht vom Papier lösen. Eventuell im abgeschalteten Backrohr bei geöffneter Tür nachtrocknen lassen.

Das Schlagobers mit dem übrigen Staubzucker und dem Vanillezucker halbfest schlagen. Die Pavlova mit dem Schlagobers füllen und mit den Erdbeeren und nach Lust und Laune mit Mandelblättchen, Minze und Blüten belegen.

Hier nun ein Rezept, mit dem ihr immer und überall Eindruck schinden könnt, ob bei der Hochzeit der besten Freundin, dem runden Geburtstag der Schwiegermutti oder der Sponsion der Tochter.

Die Pavlova ist schnell zusammengerührt, einzig die längere Backzeit ist zu bedenken. Ihr könnt problemlos backblechgroße Riesenstücke für Großfamilien zubereiten – mit Früchten der Saison belegt ist die Pavlova immer eine grazile Schönheit.

Schließlich ist sie nach einer Balletttänzerin benannt.

TOPFENSOUFFLÉ
mit Erdbeersauce

Ich hätte es nie für möglich gehalten, aber das zweite Kochbuch zu schreiben hat fast noch mehr Spaß gemacht als das erste. Ein Jahr Zeit zu haben, mit den Jahreszeiten zu gehen und den Fokus auf simples Essen mit „Wow-Faktor" zu legen, war mein größtes Glück.

Und so sind Rezepte entstanden, die ich vorher nicht so oft gekocht habe, zum Beispiel Topfensoufflé. In Kaffeetassen gebacken, damit wir nicht extra Formen kaufen müssen, die Zutaten so einfach und preiswert. Und das Allerwichtigste für meine vielbeschäftigten Freundinnen und Freunde: in fünf Minuten zusammengerührt!

Jetzt gilt es nur zu bedenken, dass ein Soufflé eine kapriziöse französische Schönheit ist, der bei kühler Luft nach dem Herausheben aus dem Backrohr gern einmal blümerant wird. Also: Die Teller vorbereiten, Gabel und Löffel bereitlegen. Sobald das Soufflé über den Rand gewandert ist, aus dem Backrohr nehmen und möglichst schnell servieren – dann ist euch luftig-süßer Genuss sicher!

Für die **Sauce** die Erdbeeren mit dem Stabmixer pürieren. Nach Geschmack mit dem Staubzucker süßen und mit der Zitronenschale verrühren. In Gläser oder Schalen füllen und kühlen.

Für das **Topfensoufflé** das Backrohr auf 180 °C Ober-/Unterhitze vorheizen. Die Tassen mit zerlassener Butter ausstreichen und mit Kristallzucker ausstreuen. Die Eiklar mit dem Salz mit den Quirlen des Mixers schaumig schlagen, dann nach und nach den Kristallzucker einrieseln lassen und alles zu steifem, glänzendem Schnee schlagen.

Den Topfen mit den Dottern und dem Vanillezucker mit den Quirlen des Mixers kurz verrühren, dann ein Drittel des Schnees unterrühren, den restlichen Schnee mit einem Spatel vorsichtig unterheben.

Eine Auflaufform, in der alle Tassen nebeneinander Platz haben, halbvoll mit kochendem Wasser füllen und bereitstellen. Nun die Soufflémasse auf die Kaffeetassen verteilen und in die vorbereitete Form setzen. Bei Bedarf noch heißes Wasser nachgießen, sodass die Tassen zu zwei Drittel im Wasser stehen. 18–20 Minuten goldbraun backen, bis die Masse über den Rand der Tassen gestiegen ist.

Die Erdbeersauce und die Beeren auf den Tisch stellen. Teller bereithalten. Das Backrohr abdrehen, die Soufflés in den Tassen zügig auf die Teller setzen und sofort servieren.

Für 4 ofenfeste Förmchen oder Kaffeetassen
à 150 ml Inhalt

Erdbeersauce

250 g Erdbeeren, geputzt und geviertelt
Staubzucker nach Geschmack
½ TL fein abgeriebene Bio-Zitronenschale

Topfensoufflé

zerlassene Butter für die Tassen
3 Eiklar von mittelgroßen Bio-Eiern
1 Prise Salz
55 g Kristallzucker plus Zucker für die Tassen
150 g Topfen (20 %)
2 Dotter von mittelgroßen Bio-Eiern
1 TL Vanillezucker

Nach Lust und Laune

Beeren

MARKTGESCHICHTEN

SPARGEL

„Endlich habe ich heimischen Spargel bekommen, ganz prall und dick!“, erzähle ich meinem Papa am Telefon. „Ein herrliches Abendessen ist für mich der Höhepunkt des Tages.“ „Oh, da schicke ich dir gleich ein Rezept für einen köstlichen Spargelsalat. Der Trick ist, die Enden mit ein wenig Sud, Essig und Walnussöl zu mixen, so ist das Dressing wunderbar cremig.“ Während ich zwei Bund der weißen Stangen aus dem Korb nehme, überlege ich, ob mir der grüne oder doch der weiße Spargel lieber ist. Der weiße wächst geschützt vor Sonnenlicht unter der Erde, nur manchmal ragen die Spitzen ein wenig heraus, dann ist er lila angehaucht. Der grüne aber darf heraustreiben, auf dass ihn die Sonne verfärbt. Praktischer ist er allemal, da ich ihn nicht schälen muss.

Der Liebste macht gerade eine Kaffeepause, als ich meine Spargelbeute auspacke. Er beginnt unser lustiges Familienspiel: „Kannst du dich noch erinnern …?“ In diesem Fall meint er den Solospargel, den er in unserer Italienzeit von einem Kunden geschenkt bekommen hatte. Zweifingerdicke Stangen, mit einer Weinrebe zusammengebunden und als Krönung mit einer Metallpunze fixiert. „Oder die Bruscandoli, der Waldspargel, den wir am Markt in Venedig gekauft haben!“, kontere ich.

Später beim Spargelschälen rätsle ich, ob immer noch Delfine vor der Lagunenstadt schwimmen, und bereite fernsüchtig eine Frittata vor, mit Spargel, Champignons und Trüffelöl. Dann mixe ich mir einen Aperol und ziehe mich zurück, um mein wöchentliches Videotreffen mit den Freundinnen zu zelebrieren. Dort geht es unter lautem Lachen einmal nicht um das neueste kulturelle Event, sondern um Frisurprobleme, Coronaspeck auf den Hüften und bald auch um den Spargel.

„Ich backe gerade so gerne Brot, dann habe ich die besten Brösel für meinen Spargel, mit gehackten Haselnüssen und Petersil – ein Gedicht!“, erzählt mir die Freundin, die so gerne kocht. „Bei mir muss es schnell gehen, mein Spargel kommt in Folie ins Rohr, dazu ein wenig Zitronenverbene, herrlich“, meint die Praktische. „Und ich esse ihn gerne lauwarm und schön bissfest, mit harten Eiern, Speck und Gänseblümchenkapern, die habe ich gestern eingelegt“, sagt die Kräuterfreundin.

„Morgen kochen wir den Spargel wie im Veneto, mit cremigen Eiern, Olivenöl und Parmesan“, schwärmt mir der Liebste beim Nachtmahl vor. Ich antworte: „Und nächsten Frühling lassen wir uns die Sonne gleich in Italien auf die Nasenspitze scheinen!“

SPARGEL-LAUCH-SUPPE
mit Zitronen-Thymian-Öl

Zitronen-Thymian-Öl

50 g neutrales Öl (z.B. Rapsöl)
2 Zweige Thymian, die Blättchen abgerebelt und zwischen den Fingern zerrieben
fein abgeriebene Schale einer Bio-Zitrone

Suppe

2 EL Olivenöl
2 EL Butter
500 g weißer Suppenspargel, geschält und in dünne Scheiben geschnitten (die Schalen für den Fond* aufheben)
500 g Lauch, helle Teile in dünne Ringe geschnitten und gut gewaschen (dunkle Teile für den Fond* aufheben)
2 Zweige Thymian plus Thymianblättchen zum Dekorieren
2 EL Weißwein
ca. 1,3 l Gemüsefond*
2 Lorbeerblätter
Salz
frisch gemahlener Pfeffer
50 g Schlagobers

Die Idee für diese Suppe ist mir beim Aufräumen des Eiskastens gekommen, als mir Reste von Spargel und Lauch entgegengekullert sind. Meine Bedenken, dass der erdige Lauch dem zarten Spargel die Show stehlen würde, haben sich nicht bewahrheitet. Im Gegenteil, er liefert die Süße, die der Spargel so liebt, dieser wiederum kann so seine Zartheit behaupten.

Zitrone und Thymian sind das i-Tüpfelchen und bringen gleichzeitig sonnengelbe Farbe und Aromen ins Spiel. Restlessen kann so gut sein!

Für das **Zitronen-Thymian-Öl** das Öl am Vortag in einem kleinen Topf auf ca. 50 °C erwärmen (mit einem Thermometer prüfen). Die Thymianblättchen mit der Zitronenschale hineingeben und Temperatur annehmen lassen. In ein kleines Marmeladeglas geben und 1 Tag durchziehen lassen, dabei darauf achten, dass Zitrone und Thymian vom Öl bedeckt sind. Anschließend durch ein kleines Sieb in ein sauberes Glas seihen. Das Öl ist ca. 1 Woche haltbar.

Für die **Suppe** das Olivenöl und die Butter in einem Topf erhitzen, den Spargel und den Lauch darin bei mittlerer Hitze leicht anbraten, bis das Gemüse zu karamellisieren beginnt. Nun den Thymian dazugeben, dann den Weißwein angießen und verkochen lassen. Anschließend mit so viel Gemüsefond aufgießen, dass das Gemüse bedeckt ist. Die Lorbeerblätter hinzufügen und das Gemüse weich kochen.

Die Kräuter herausfischen und die Suppe mit dem Stabmixer pürieren. Mit Gemüsefond auf die gewünschte Konsistenz bringen und mit Salz und Pfeffer abschmecken. Das Schlagobers mit dem Schneebesen leicht schaumig schlagen.

Die Suppe in Schüsseln verteilen und mit Schlagobers und Zitronen-Thymian-Öl anrichten. Nach Lust und Laune mit frischem Thymian dekorieren.

*Das Lauchgrün, die Spargelschalen und eventuell Wurzelschalen von z.B. Karotten mit 1 Lorbeerblatt und 3 Pimentkörnern zu Gemüsefond verkochen lassen, dann abseihen.

Ich habe erst vor Kurzem entdeckt, wie gut Eierspeis als Nachtmahl schmeckt. Sie ist in gestoppten fünf Minuten zusammengerührt, wärmt den Bauch und die Seele und lässt sich im Rhythmus der Jahreszeiten herrlich einfach variieren.

Hier ist die Frühlingsvariante mit grünem Spargel und halbgetrockneten Paradeisern, die auch mit Pasta, Risotto oder in Salaten eine gute Figur machen.

EIERSPEIS

mit grünem Spargel und halbgetrockneten Kirschparadeisern

Kirschparadeiser

12 Kirschparadeiser, halbiert
1 EL Olivenöl
1 Prise Salz
1 Prise Kristallzucker

Eierspeis

400 g grüner Spargel, die holzigen Enden entfernt, die Stangen in 4 cm lange Stücke geschnitten, die Spitzen der Länge nach halbiert
1 kleine Zucchini, in kleine Würfel geschnitten
4 EL Olivenöl
Salz
frisch gemahlener Pfeffer
8 Bio-Eier
4 EL Schlagobers
1 Handvoll frisch geriebener Parmesan plus Parmesan zum Bestreuen

Nach Lust und Laune

1 EL fein geschnittenes Jungzwiebelgrün
Oregano
Schnittlauchblüten
frisches Brot

Für die halbgetrockneten **Kirschparadeiser** das Backrohr auf 140 °C Ober-/Unterhitze vorheizen. Die Paradeiser mit der Schnittfläche nach oben auf einem mit Backpapier ausgelegten Blech verteilen und mit dem Olivenöl beträufeln. Das Salz mit dem Zucker mischen und auf den Paradeisern verteilen. Ca. 45 Minuten backen, bis die Paradeiser geschrumpft und karamellisiert sind.

Für die **Eierspeis** den Spargel und die Zucchini in einer Pfanne in Olivenöl bissfest braten, salzen und pfeffern. Die Eier mit dem Schlagobers versprudeln und in die Pfanne rühren. Den Parmesan untermischen und so lange rühren, bis die Masse die gewünschte Konsistenz erreicht hat. Ganz am Schluss die getrockneten Paradeiser unterheben.

Die Eierspeis nach Lust und Laune mit Jungzwiebeln, Oregano, Schnittlauchblüten, geriebenem Parmesan und frischem Brot servieren.

PASTA AGLI ASPARAGI

Hier ein Rezept, um die Fingerfertigkeit beim Kochen und Backen zu üben. Eigentlich ganz simpel, besteht der Trick darin, diesmal keine Eierspeis zu produzieren, sondern den Dottern Zeit zu geben, sich mit den anderen Zutaten zu einer cremigen Sauce zu verbinden.

Sobald ihr den Dreh heraushabt, den Topf immer wieder von der heißen Kochplatte zu ziehen und sorgfältig zu rühren, eröffnen sich neue Küchenhorizonte: eine Crème anglaise, eine Sauce hollandaise, eine Carbonara …

Salz
2 TL Zucker
400 g grüner Spargel, die holzigen Enden entfernt, die Stangen in fingerdicke Scheiben geschnitten, die Spitzen längs halbiert
4 Dotter von Bio-Eiern
4 EL Schlagobers
400 g Pasta (z.B. Tagliatelle)
2 EL Butter
4 Handvoll frisch geriebener Parmesan
1 Handvoll gehackte Petersilblätter

1 l Wasser mit je 2 TL Salz und Zucker vermengen, aufkochen und die in Stücke geschnittenen Spargelstangen darin 2 Minuten zart kochen lassen, die letzten 30 Sekunden auch die Spitzen mitkochen. Anschließend abseihen und abtropfen lassen.

Die Dotter mit dem Schlagobers verquirlen und bereitstellen. Reichlich Wasser aufkochen und gut salzen (unbedingt kosten, es muss richtig salzig schmecken!). Die Pasta darin al dente garen, dann 1 Tasse Wasser abschöpfen und die Pasta abseihen.

Die Pasta zurück in den Topf geben, auf die heiße Platte stellen und mit dem Spargel, der Butter, 2 Handvoll Parmesan und ein wenig Pastawasser verrühren. Wenn die Pasta cremig zu werden beginnt, die Hitze reduzieren, die Dotter-Schlagobers-Mischung und wieder ein wenig Pastawasser unterrühren. Nun so lange rühren, bis die Dotter cremig werden (dabei wiederholt von der Herdplatte ziehen und wieder zurückstellen, dabei unentwegt rühren, damit keine Eierspeis entsteht).

Pasta auf Tellern anrichten und mit dem Petersil und dem restlichen Parmesan bestreuen.

BUNTER FRÜHLINGSSALAT
mit Spargel und Quetscherdäpfeln

Salat

400 g kleine Erdäpfel mit dünner Schale
Salz
7 EL Olivenöl
750 g grüner Spargel, die holzigen Enden entfernt, die Stangen der Länge nach halbiert
2 Handvoll grob gehackte Estragonblättchen plus Estragon zum Dekorieren
4 Bio-Eier
4 große Handvoll gemischter grüner Salat
1 Bund Radieschen, auf der Mandoline oder von Hand in sehr dünne Scheiben geschnitten
frisch gemahlener Pfeffer

Marinade

2 TL Dijonsenf
10 EL Olivenöl
4 TL Rotweinessig
Salz
Honig

Dieses Gericht ist Frühlingsküche, wie ich sie mir vorstelle: Der Salat ist im Handumdrehen auf den Teller gezaubert, die Aromen übertreffen einander, der Teller ist bunt wie ein Blumenstrauß, der frühlingsfrische Estragon bringt französisches Aroma ins Spiel – da hat doch wirklich der Lenz vorbeigeschaut.

Die Quetscherdäpfel sind noch den ganzen Sommer lang knusprige Begleiter für gesellige Grillabende mit Familie und Freunden.

Für den **Salat** die Erdäpfel in Wasser so lange kochen, bis sie gabelzart sind. Dann abseihen, kurz ausdämpfen lassen und auf ein Backblech legen (sie können gut schon Stunden vorher gekocht werden). Das Backrohr auf 180 °C Ober-/Unterhitze vorheizen.

Die Erdäpfel mit der flachen Hand sanft von oben quetschen, sodass sie gerade noch zusammenhalten. Jetzt salzen und mit 3 EL Olivenöl beträufeln. Ca. 45 Minuten backen, bis sie die gewünschte Farbe erreicht haben, nach der Hälfte der Zeit wenden, damit beide Seiten gebräunt werden.

Währenddessen den Spargel in zwei Durchgängen in einer Pfanne in je 2 EL Olivenöl bissfest braten. Noch heiß mit dem Estragon vermengen, salzen und auskühlen lassen.

Die Eier in einem kleinen Topf 10 Minuten in Wasser kochen, dann mit kaltem Wasser abschrecken. Anschließend schälen und halbieren.

Für die **Marinade** Senf, Öl und Essig in ein Marmeladeglas geben, dieses verschließen und gut schütteln. Mit Salz und Honig abschmecken.

Den grünen Salat mit der Marinade vermengen und mit dem Spargel, den Radieschen, den lauwarmen Erdäpfeln, den Eiern und Estragon anrichten und mit Salz und Pfeffer bestreuen.

Marille
Mandel
Bio
Marille
Haselnuss
Apfel
Haselnuss

"molliger"
Brownie

KIRSCHE

Wie schön es ist, über den Markt ins Café zu eilen, das nach dem Lockdown aus seinem Dornröschenschlaf erweckt wurde und wo wieder Leben, Lachen und gutes Essen eingezogen sind. Ich schaue aus dem Fenster auf Erols Stand, der bunt und fröhlich die Fülle des Frühsommers zeigt, und gehe gleich hinüber, um die ersten Kirschen zu holen.

In den alten Mythen ist der Kirschbaum – der Baum der Göttin Artemis – ein magischer Ort, in dem Elfen und Feen wohnen. Kirschen zu essen, sich gegenseitig mit Kirschkernen zu bespucken und die seltenen Zwillingspaare an die Ohren zu hängen, sind wohl für viele von uns zauberhafte Kindheitserinnerungen. Es heißt, Lukullus – der Feinspitz unter den römischen Feldherren – hat die Kirsche aus Kerasos in Griechenland zu uns gebracht. Daher gedeihen sie im sonnenverwöhnten Burgenland besonders gut.

„Der Stängel soll gut an den Kirschen festsitzen, dann halten sie im Kühlschrank besser“, klärt mich Erol am Marktstand auf. „Und wer ein Kirschkompott mit den Kernen gart, kann das feine Mandelaroma schmecken.“ „Darum ist unsere Mandeltarte mit Kirschen so ein Knaller“, denke ich mir und schaue den Standlern zu, wie sie die tintenschwarzen Früchte in die Papiersackerl füllen. „Bei mir gibt es zu dieser Jahreszeit oft Herzkirschen in Eiswasser als Dessert, so sind sie schön prall und ich habe Zeit und Muße, die langen Tage zu genießen“, sagt eine Dame mit roter Brille.

„Ich backe oft einen Strudel, in die Brösel mische ich ein wenig gemahlene Haselnüsse und Zimt, im Juni ist das meine liebste Mehlspeise“, ruft ein junger Mann. „Und ich koche gleich heute Kirschenmarmelade für meine Enkerl“, meint eine ältere Dame. „Ribiseln aus dem Garten mische ich hinein, dann geliert sie besser und schmecken tut es auch herrlich!“ Mich reizt der Gedanke an zimtige Kirschen, Schokolade passt auch dazu, und knuspern sollte meine Nachspeise, als Kontrast cremiges Vanilleeis – ich kann es kaum erwarten, meine Baisernester zu backen.

Im Café setze ich mich mit Daniel zusammen, um den Kirschen einen tollen Auftritt in einem pikanten Gericht zu geben. „Wir marinieren die Früchte in einem Gewürzsud, ein Löfferl Espresso passt auch gut, dazu servieren wir einen Linsensalat mit dem herrlichen Ziegenkäse aus Wien, den es beim Käsestand gibt. Dann noch gehobelter Fenchel und Stangenzeller, damit der Salat schön frisch schmeckt, und als Krönung ein frisches Nussbrot dazu.“ „Das klingt ja traumhaft!“, sagt ein Stammgast, der unser Gespräch gehört hat. „Kirschen erinnern mich immer an meine Omi, in ihrem Garten bin ich als Kind oft auf den großen Baum geklettert und hab die sonnenwarmen Früchte genascht – ihr Kirschkuchen war der tollste der Welt.“ Sind Omis Kuchen nicht immer die besten?

LINSENSALAT

mit pikanten Kirschen und Fenchel-Stangenzeller-Slaw

Ich weiß gar nicht, was mir beim Kochbuch-Schreiben am meisten Spaß macht: das Kreieren der Rezepte, das Verkosten derselben, das Schreiben der Geschichten, dann alles in ein schönes Format zu verpacken oder das Kochbuch endlich in stolzen Händen zu halten.

Oder ist es vielleicht doch der Moment, wenn mein tolles Fototeam meine Rezepte in Szene setzt und ich mich jedes Mal darüber freue, wie schön diese Fotos doch sind? So ist es auch mit diesem Linsensalat: Wahrscheinlich übertreibe ich, aber die purpurroten Kirschen auf den erdigen Linsen neben dem frischen Grün des Gemüses und dem schneeweißen Käse finde ich einfach dramatisch schön!

Für den **Salat** die Belugalinsen in reichlich kaltem Wasser zustellen, nicht salzen(!), das Lorbeerblatt und die getrockneten Kräuter dazugeben und die Linsen 15–20 Minuten sanft gar, aber noch bissfest kochen.

Die Linsen abseihen, die Lorbeerblätter herausfischen. Die Linsen in eine Schüssel geben, mit reichlich Salz, dem Olivenöl und dem Himbeeressig vermischen und auskühlen lassen. Den Petersil untermischen und den Salat abschmecken.

Für die **Kirschen** den Zucker in einem kleinen Topf zu goldbraunem Karamell schmelzen, dabei nicht rühren, sondern den Topf schwenken, damit der gesamte Zucker schmilzt. Mit dem Saft aufgießen (Achtung, Spritzgefahr!) und köcheln lassen, bis sich der Karamell vom Boden löst. Den Pfeffer, den Espresso und den Himbeeressig hinzufügen, noch einmal aufkochen lassen, dann den Topf vom Herd nehmen. Die Kirschen in den Sud einlegen und mindestens 30 Minuten ziehen lassen.

Für den **Slaw** den Fenchel mit je ½ TL Salz und Zucker kräftig mürb kneten, bei Bedarf einen Teil des entstandenen Saftes abgießen. Stangenzeller, Limettenschale und -saft hinzufügen, mit Olivenöl und Salz abschmecken.

Die Linsen mit den Kirschen, dem Slaw und dem Ziegenfrischkäse anrichten und nach Lust und Laune mit Oregano und frisch gemahlenem Pfeffer bestreuen.

Linsensalat

200 g Belugalinsen
2 Lorbeerblätter
½ TL Kräuter der Provence, alternativ getrockneter Thymian
Salz
4 EL Olivenöl
2 EL Himbeeressig
1 Bund Petersil, fein geschnitten
1 Rolle cremiger Ziegenfrischkäse

Kirschen

30 g Kristallzucker
200 g schwarzer Ribiselsaft, alternativ Apfelsaft
¼ TL Pfefferkörner, alternativ grob gemahlener Pfeffer
1 EL starker Espresso
1 EL Himbeeressig
200 g Kirschen, entsteint und halbiert

Fenchel-Stangenzeller-Slaw

1 Fenchel, halbiert und auf der Mandoline oder von Hand in sehr dünne Scheiben geschnitten
Salz
½ TL Kristallzucker
4 helle Stangen Stangenzeller, der Länge nach halbiert und schräg in hauchdünne Scheiben geschnitten
2 EL Saft sowie 1 TL fein abgeriebene Schale einer Bio-Limette
4 EL Olivenöl

Nach Lust und Laune

Oreganoblättchen
frisch gemahlener Pfeffer

In Frankreich kennt und liebt jedes Kind den „Clafoutis“. Ich haben ihn hier mit Kirschen gebacken und ihm – da ich ohne buttrigen Teig nicht glücklich bin – noch einen Knusperboden verpasst.

Und dann war ich beseelt vom Frühsommer, wollte auf dem Teller auch frisches Grün sehen und Zuckerknirschen zwischen den Zähnen spüren.

So war der Basilikum-Limetten-Zucker geboren, der seither so manche Süßspeise in unserem Haus verziert.

TARTE
„Clafoutis aux cerises“

Für eine Tarteform mit herausnehmbarem Boden von 24 cm ø

Teig

1 Dotter von einem großen Bio-Ei
2 EL kaltes Wasser
200 g glattes Mehl Type W480
plus Mehl für die Arbeitsfläche
1 Prise Salz
60 g Staubzucker
125 g kalte Butter, in kleine Stücke geschnitten,
plus Butter für die Form

Fülle

150 g Schlagobers
2 Bio-Eier
50 g Staubzucker
1 EL Vanillezucker
1 Prise Salz
20 g geriebene, geschälte Mandeln
20 g Maisstärke
300 g Kirschen, entsteint

Basilikum-Limetten-Zucker

30 g Kristallzucker
2 EL Basilikumblätter, fein geschnitten
½ TL fein abgeriebene Bio-Limettenschale

Für den **Teig** den Dotter mit dem Wasser versprudeln. Das Mehl mit dem Salz und dem Staubzucker in einer Schüssel vermischen. Die Butter mit den Knethaken des Mixers in die Mehlmischung rühren, bis die Butterstücke erbsengroß sind. Dann die Dottermischung dazugeben und rühren, bis sich alle Zutaten zu einem glatten Teig zusammenfügen. (Alternativ alle Zutaten nicht zu lang von Hand kneten, bis sie sich verbinden.) Zu einer Scheibe formen, in Frischhaltefolie wickeln und mindestens 2 Stunden oder über Nacht im Kühlschrank rasten lassen (der Teig hält sich bis zu 3 Tage im Kühlschrank oder ca. 1 Monat im Tiefkühler, gut auch in der Form).

Den Tarteteig 10 Minuten vor der Weiterverarbeitung aus dem Kühlschrank nehmen. Das Backrohr auf 180 °C Ober-/Unterhitze vorheizen. Die Tarteform mit Butter einfetten. Den Teig auf einer bemehlten Arbeitsfläche mit dem Nudelholz ca. 4 mm dick ausrollen. Dann um das Nudelholz wickeln und über der Tarteform wieder abrollen. Glatt auf den Boden der Form legen, dann am unteren Ende der Form beginnend gleichmäßig mit leichtem Druck an den Rand legen, damit keine Hohlräume entstehen. Den Teig entlang des oberen Randes der Form mit einem kleinen scharfen Messer sauber abschneiden.

Für die **Fülle** alle Zutaten mit Ausnahme der Kirschen mit den Quirlen des Handmixers kurz verrühren. Die Kirschen auf den vorbereiteten Tarteboden legen, die flüssige Fülle bis zum Rand hineingießen. Die Tarte 30–40 Minuten goldbraun backen, bei Bedarf mit Alufolie abdecken, damit sie nicht zu stark bräunt. Lauwarm auskühlen lassen.

Für den **Basilikum-Limetten-Zucker** alle Zutaten mit den Fingern verreiben. Über die Tarte streuen und servieren.

BROWNIES
mit Kirschen

Für eine Backform mit dem Maßen 26 x 17 x 5 cm

190 g Edelbitter-Schokolade (mind. 40 % Kakaoanteil),
50 g davon in ½ cm große Stücke geschnitten
220 g weiche Butter plus Butter für die Form
250 g Staubzucker plus Staubzucker zum Bestreuen
4 zimmerwarme Bio-Eier (bei Bedarf in warmes Wasser legen), getrennt
120 g glattes Mehl Type W480
150 g Kirschen, entsteint

Das Backrohr auf 180 °C Ober-/Unterhitze vorheizen. Die Form einfetten. 140 g Schokolade in grobe Stücke brechen und in einer Metallschüssel über einem Wasserbad unter Rühren schmelzen. Dabei darauf achten, dass der Schüsselboden nicht mit dem Wasser in Berührung kommt, sondern nur über dem Dampf steht. Anschließend zur Seite stellen.

Die Butter mit dem Staubzucker mit den Quirlen des Mixers cremig rühren, dann nach und nach die Eier unterrühren, gefolgt von der geschmolzenen Schokolade. Nun das Mehl mit dem Spatel unterheben, dann die Schokoladenstücke. Den Teig die Form geben und die Kirschen gleichmäßig darauf verteilen.

Den Teig ca. 50 Minuten im Rohr backen, bei Bedarf mit Alufolie abdecken, falls die Oberfläche zu dunkel wird. Herausnehmen, lauwarm auskühlen lassen, in Stücke schneiden und nach Wunsch mit Staubzucker bestreuen.

Um mit den Worten einer Freundin zu sprechen: „Schokolade geht immer!“ Deshalb musste ich versuchen, den allseits bekannten Brownies den letzten Schliff zu verleihen. Nur die beste Schokolade (und davon nicht zu wenig) ist gut genug, der Kontrast zum weichen, süßen Teig sind säuerliche Kirschen.

Als Alleskünstler unter den Kuchen sind die Brownies süße Begleiter zum Picknick im Grünen, aber auch gern gesehen als Nachspeise für eine Gesellschaft mit großen und kleinen Kindern.

BAISERNESTER
mit Kirschen

Baiser

60 g dunkle Kuvertüre
4 Eiklar von mittelgroßen Bio-Eiern
1 Prise Salz
200 g Kristallzucker
6 g Speisestärke

Kirschen

220 g Kirsch- oder Johannisbeersaft
50 g Kristallzucker
1 Prise gemahlener Zimt
10 g Speisestärke
280 g Kirschen, entsteint

6 Kugeln Vanilleeis
1 Handvoll Mandelsplitter, in einer Pfanne trocken und sanft geröstet
Minzblätter zum Dekorieren

Diese Baisernester haben nach gründlicher Recherche verlangt. Ich wollte das Baiser „chewy" backen, also nicht durch und durch bröselig, sondern ein wenig speckig in der Mitte.

Dazu habe ich die Zubereitungsart abgewandelt, ein Wasserbad zu Hilfe genommen und die Backzeiten verändert. Die dunkle Schokolade ist das gewisse Etwas und die gesamte Komposition mit den cremigen Kirschen und dem kühlen Eis einfach herrlich.

Für alle, die das Backen für Gäste nervös macht, ist dieses Dessert der perfekte Einstieg.

Für die **Baisers** das Backrohr auf 150 °C Ober-/Unterhitze vorheizen. Die Kuvertüre in einer Metallschüssel über einem Wasserbad unter Rühren schmelzen. Dabei darauf achten, dass der Schüsselboden nicht mit dem Wasser in Berührung kommt, sondern nur über dem Dampf steht.

Die Eiklar mit dem Salz in einer zweiten, absolut fettfreien Metallschüssel (evtl. zur Sicherheit vorher mit heißem Wasser und Spülmittel säubern) auf das Wasserbad setzen, mit den Quirlen des Handmixers schaumig aufschlagen, dann nach und nach den Zucker hinzufügen. Nun 3 Minuten warm zu glänzendem Schnee schlagen, vom Wasserbad nehmen und weitere 3 Minuten kalt schlagen. Die Speisestärke unterziehen, dann die geschmolzene Schokolade so unterheben, dass ein marmorierter Effekt entsteht.

Ein Backblech mit Backpapier auslegen und mit einem Esslöffel 6 Schneekleckse daraufgeben, dabei mit dem Rücken des Löffels eine Vertiefung in der Mitte bilden. 25 Minuten backen, dann das Backrohr abdrehen und die Baisers noch 2 Stunden im Rohr trocknen lassen.

Für die **Kirschen** 200 g Saft mit dem Zucker und dem Zimt in einem Topf aufkochen. Den übrigen Saft mit der Speisestärke verrühren, dann in den Topf geben und unter ständigem Rühren ca. 2 Minuten köcheln lassen. Die Kirschen in den heißen Saft geben, alles noch einmal aufwallen lassen, dann vom Herd ziehen und auskühlen lassen.

Die Baisernester mit Vanilleeis füllen, die lauwarmen Kirschen mit ihrem Saft darübergeben und mit gerösteten Mandelsplittern und Minze bestreut servieren.

arkt-
biet

ÖSTERREICH WEIN
AUSTRIAN WINE
Saison

ZUCCHINI

MARKTGESCHICHTEN

„Zucchini sind wahre Alleskönner!", ruft mir Erol zu, als ich die bunte Fülle des Juligemüses am Marktstand betrachte. „Und auch wenn sie das ganze Jahr über erhältlich sind, nur zu dieser Jahreszeit gibt es die festen, kleinen Exemplare, und wenn wir Glück haben, ist auch noch die gelbe Blüte dran! Die Schale muss glänzen und makellos sein, damit die Zucchini lange frisch bleiben."

Die Zucchini ist die kleine Schwester des großen Kürbisses, ihre Vorfahren kommen aus Amerika – dort wird das grüne Gemüse Sommerkürbis genannt. In der Neuzeit kamen die Kürbisse mit den Schiffen nach Europa, seit dem 17. Jahrhundert werden Zucchini in Italien gezüchtet. Ihr Name bedeutet „kleiner Kürbis" und ist eigentlich die Mehrzahl, aber wer kommt schon mit einem einzelnen Zucchino aus? Im Garten lässt sie mancher Hobbygärtner wachsen, bis sie Kürbisgröße erreichen, dann haben sie umso mehr Vitamine und Mineralstoffe.

„Ein bisschen ist die Zucchini für mich das Aschenputtel unter den Gemüsesorten", erzähle ich dem Liebsten. „Dann muss sie wohl ein wenig rausgeputzt werden, damit sie ihre wahre Schönheit zeigt", erwidert er. Das lasse ich mir nicht zweimal sagen. Für die Geburtstagsparty unseres Freundes gibt es eine Zucchiniquiche, aber mit Pep! Rosinen werden in Currywasser eingelegt, die Zucchini ganz dünn geschnitten, mit Feta und einer Rosine gefüllt, aufgerollt und aufrecht in die Tarte gestellt. Als ich sie aus dem Ofen ziehe, bin ich selbst beeindruckt und kann es mir nicht verkneifen, Daniel ein Foto zu schicken. Am nächsten Tag gibt es für das Abendessen mit den Kindern ein Antipasto mit Zucchini. Wie ich es auf einem Markt in Sizilien kennengelernt habe, grille ich das Gemüse, damit es an Farbe und Aroma gewinnt – gehackte Minze ist der Überraschungsfaktor. Das herrliche Sauerteigbrot vom Vortag wird zu krachenden Bröseln geröstet, als der Älteste mir über die Schulter schaut: „Dazu passt mein neues Geheimrezept, der Renner bei jedem Essen mit Freunden: Feta mit ein wenig Wasser mit einer Gabel zerdrücken, ein paar Gewürze und Olivenöl drauf, fertig!"

Am Marktstand steigt eine junge Frau von ihrem Rad und bestellt ein Kilo Zucchini. „Ich koche heute Zoodles in der WG – also Spaghetti aus Zucchini", meint sie, „absolut kalorienarm, außerdem vegan, schnell gemacht und supergut!" Im Café erzähle ich Daniel von meinen Kochanfängen als junge Mutter, die Zucchinisuppe war jedes Mal eine Herausforderung. „Und die Farbe!", schaudert es ihn direkt. „Also wenn schon, dann schäl ich die Zucchini, mach ein Süppchen mit einer Zwiebel und dem Fruchtfleisch, die Schalen werden extra blanchiert, dann wird's schön grün. Dazu ein Minzpesto und einen Spieß mit Feta und Kirschparadeisern, so kann ich mir das ganz gut vorstellen." Ich kann mir ein Schmunzeln nicht verkneifen, wenn ich daran denke, was mein 21-jähriges Ich zu dieser Suppenanleitung gesagt hätte. Jetzt kann ich es kaum erwarten, in die Küche zu laufen und die Suppe nachzukochen!

GEGRILLTE ZUCCHINI
mit Fetacreme und Dukkah

Dukkah

4 EL Haselnüsse, in einer Pfanne trocken und sanft geröstet, gehackt
2 EL heller Sesam, in einer Pfanne trocken und sanft geröstet
je 1 TL Koriandersamen und Kreuzkümmel,
in einer Pfanne trocken und sanft geröstet
1 Prise Salz

4 Zucchini, in 3 cm große Würfel geschnitten
6 EL Olivenöl plus Öl zum Beträufeln
Salz
80 g altbackenes Sauerteigbrot,
im Cutter oder mit dem Messer zu Bröseln geschnitten
250 g Feta
2 EL Minzblätter, grob geschnitten

Für das **Dukkah** alle Zutaten im Mörser teils zu Pulver, teils zu gröberen Stücken zerkleinern.

Den Backofengrill vorheizen. Die Zucchini mit 3 EL Olivenöl vermischen, auf ein Backblech legen und auf der obersten Schiene 10–15 Minuten hellbraun grillen, erst dann salzen.

3 EL Olivenöl in einer kleinen Pfanne erhitzen und die Brotbrösel darin knusprig braten.

Den Feta mit einer Gabel zerdrücken, dann nach und nach 8–10 EL kaltes Wasser hinzufügen. Zu einer Creme verarbeiten, in einer Schüssel anrichten, mit Dukkah bestreuen und mit Olivenöl beträufeln. (Reste des Dukkahs zu Gemüse oder als raffinierten Suppenaufputz verwenden.)

Die Zucchini vorsichtig mit der Minze mischen und mit den Brotbröseln bestreuen. Gemeinsam mit der Fetacreme servieren.

Das Brotbacken ist in diesem Jahr eines meiner Lieblingshobbys geworden. In meinem Kühlschrank stapeln sich die verschiedenen Sauerteige, die regelmäßig gefüttert werden wollen. Zu Urlaubszeiten müssen jetzt nicht nur die Hunde, sondern auch die Teige, die so klingende Namen wie „Lucia" oder „Toni" haben, untergebracht werden.

Vom Liebsten – der sich das Ritual von seiner Omi abgeschaut hat – habe ich gelernt, jeden Laib zu segnen. Der erste Bissen vom selbstgemachten, krachenden, lauwarmen Brot, mit frischer Butter, Salzflocken und vielleicht ein wenig Schnittlauch belegt, ist einfach ein Traum.

Dies ist nun ein Rezept für Brotreste, die als Knusperkruste fürs Gemüse herhalten, kombiniert mit cremigem Feta und Gewürzen aus der sonnigen Ferne.

Ich übe mich seit geraumer Zeit in der Kunst des Meditierens, das Stillsitzen ist für mich gar nicht so leicht. Die Gedanken jagen durch den Kopf, obwohl ich sie doch loslassen soll, um nur meinen Atem zu beobachten. Die Erzählung meiner Yogalehrerin, dass sie bei ihrer Morgenmeditation einmal fast kopfüber vom Steg in den See gefallen sei, hat mich da nicht nur zum Schmunzeln gebracht, sondern auch getröstet. Einschlafen ist wohl menschlich.

Da ist eine Meditation mit Bewegung doch gleich etwas Anderes – hier meine Küchenversion: die Zucchiniquiche. Legt eure Lieblingsmusik auf, verbannt das Handy in ein anderes Zimmer und dann versinkt ein Viertelstündchen im Rollen und Füllen. Om!

ZUCCHINIQUICHE

Für eine Tarteform von 24 cm ø

Teig

½ Dotter von einem Bio-Ei (die andere Hälfte in die Fülle geben)
40 g kaltes Wasser
150 g kalte Butter, in kleine Stücke geschnitten, plus Butter für die Form
8 g Kristallzucker
10 g Salz
200 g glattes Mehl Type W480
plus Mehl für die Arbeitsfläche
Hülsenfrüchte oder Reis zum Blindbacken

Fülle

30 g Rosinen
1 TL Currypulver
1 TL Saft sowie ¼ TL fein abgeriebene Schale einer Bio-Zitrone
3–4 Zucchini, mit dem Sparschäler längs in dünne Streifen geschnitten
150 g Feta, in kleine Stücke geschnitten
100 g Schlagobers
1 EL Crème fraîche
1 Bio-Ei (sowie den übrigen halben Dotter vom Teig)
1 TL Thymianblättchen
Salz
frisch gemahlener Pfeffer
1 Handvoll Mandelsplitter, in einer Pfanne trocken und sanft geröstet

Für den **Teig** den halben Dotter mit dem Wasser versprudeln. Die Butter, den Zucker, das Salz und das Mehl mit den Knethaken des Mixers verbröseln, bis sich die Butter mit den übrigen Zutaten zu erbsengroßen Stücken verbunden hat. Dann die Dottermischung hinzufügen und nur so lange kneten, bis sich alle Zutaten zu einem glatten Teig zusammenfügen. (Alternativ alle Zutaten nicht zu lang von Hand kneten, bis sie sich verbinden.)

Zu einer Scheibe formen, in Frischhaltefolie wickeln und mindestens 2 Stunden oder über Nacht im Kühlschrank rasten lassen (der Teig hält sich bis zu 3 Tage im Kühlschrank oder ca. 1 Monat im Tiefkühler, gut auch in der Form).

Den Teig 10 Minuten vor der Weiterverarbeitung aus dem Kühlschrank nehmen. Das Backrohr auf 180 °C Ober-/Unterhitze vorheizen. Die Tarteform mit wenig Butter einfetten. Den Teig auf einer bemehlten Arbeitsfläche ca. 4 mm dick ausrollen, um das Nudelholz wickeln und über der Form wieder abrollen. Glatt auf den Boden der Form legen, dann am unteren Ende der Form beginnend gleichmäßig mit leichtem Druck an den Rand legen, damit keine Hohlräume entstehen. Den Teig entlang des oberen Randes der Form mit einem kleinen scharfen Messer sauber abschneiden.

Ein Stück Backpapier zerknüllen, auf den Teig legen und mit Hülsenfrüchten oder Reis beschweren. Dabei darauf achten, dass der Boden vollständig bedeckt ist. Den Teig ca. 12 Minuten backen, dann herausnehmen, das Papier und die Hülsenfrüchte entfernen und den Boden weitere ca. 4 Minuten hellbraun backen. Anschließend herausnehmen und zur Seite stellen.

Für die **Fülle** die Rosinen mit dem Currypulver und dem Zitronensaft in eine kleine Schüssel geben und mit kochendem Wasser übergießen. 30 Minuten ziehen lassen. Die Zucchinischeiben mit etwas Feta und je 1 Rosine belegen und aufrollen. Die Röllchen in der Mitte durchschneiden.

Das Schlagobers mit der Crème fraîche, dem Ei, dem halben Dotter, der Zitronenschale und den Thymianblättchen mit einem Schneebesen verrühren, mit ½ TL Salz und ¼ TL Pfeffer würzen.

Die Mandelsplitter auf den vorgebackenen Quicheteig legen. Die Zucchiniröllchen dicht nebeneinander auf den Teig stellen. Nun die Schlagobersmischung von der Mitte aus vorsichtig nach und nach über und zwischen die Zucchini gießen.

Die Quiche ca. 30 Minuten backen, bis die Fülle fest ist. Herausnehmen und auf einem Kuchengitter etwas abkühlen lassen.

GEFÜLLTE ZUCCHINI

6 runde Zucchini
6 EL Olivenöl
1 mittelgroße Zwiebel, geschält und in kleine Würfel geschnitten
120 g Risottoreis
Salz
frisch gemahlener Pfeffer
2 EL Paradeismark
½ TL Pimentkörner, im Mörser zerrieben
1 TL gemahlener Zimt
1 Prise frisch geriebene Muskatnuss
1 Prise Piment d'Espelette oder Chili nach Geschmack
3 Knoblauchzehen, geschält und gerieben
2 getrocknete Marillen, in Streifen geschnitten
3 EL Mandelstifte, in einer Pfanne trocken und sanft geröstet
3 EL Petersil, inklusive der Stängel fein gehackt
1 EL Minzblätter, fein gehackt, plus Minze zum Dekorieren
Saft einer Zitrone
2 EL Granatapfelsirup, alternativ 1 EL Honig
Joghurt zum Servieren

Die Kappen der Zucchini abschneiden und beiseitelegen. Die Zucchini mit einem kleinen scharfen Messer und einem Löffel vorsichtig aushöhlen, dabei darauf achten, die Schale nicht zu verletzen. Das Fruchtfleisch von 4 Zucchini klein hacken. (Das Fruchtfleisch der übrigen 2 Zucchini kann für einen Gemüsefond verwendet werden.)

3 EL Olivenöl in einer Pfanne erhitzen, die Zwiebelwürfel darin bei mittlerer Hitze sehr glasig dünsten. Dann das Zucchinifruchtfleisch hinzufügen und die Hitze erhöhen, damit das Wasser der Zucchini verdunstet. Nun den Reis dazugeben, salzen, pfeffern, 1 gehäuften EL Paradeismark, die Gewürze und 1 geriebene Knoblauchzehe unterrühren. Die Marillen, die Mandeln, die Kräuter und den Saft einer halben Zitrone dazugeben. Vom Herd ziehen und auskühlen lassen. Die Zucchini bis jeweils 1 ½ cm unter den Rand mit der Reismasse füllen und mit den passenden Deckeln verschließen.

In einem Topf, in dem die Zucchini später so Platz haben, dass sie sich gegenseitig stützen können, 3 EL Olivenöl erhitzen. 2 geriebene Knoblauchzehen im Öl anschmurgeln, dann 1 EL Paradeismark unterrühren. Mit 250 g Wasser aufgießen, den Saft der zweiten Zitronenhälfte, 1 TL Salz und den Granatapfelsirup unterrühren. Die Zucchini in den Topf setzen und bei Bedarf Wasser bis zur Füllhöhe der Zucchini hinzufügen. Einmal aufkochen lassen, dann die Hitze reduzieren und den Topf abdecken, sodass die Zucchini sanft garen. Nach ca. 45 Minuten kontrollieren, ob der Reis in der Fülle weich ist, andernfalls noch etwas länger kochen. Mit Joghurt kalt oder lauwarm (traditionell nicht heiß) servieren und mit Minzblättern dekorieren.

Dieses Rezept habe ich in den Bergen zum ersten Mal gekocht – auf einmal roch es mitten im Salzkammergut nach Istanbul.

Die Gewürzkombination aus Zimt, Piment und Muskatnuss führte uns schnurstracks ins Reich von Tausendundeiner Nacht.

Sofort hatte ich Erinnerungen an die Zeit im Kopf, als der Liebste so viel in der Türkei arbeitete und wir so manches Wochenende in dieser wunderschönen, aufregenden Stadt verbrachten. Hier also das Rezept, um sich ganz schnell ein bisschen Urlaub in den Alltag zu holen.

ZUCCHINIKUCHEN
mit Mascarponefrosting und karamellisierten Haselnüssen

Für eine Kastenform von 25 cm Länge

Zucchinikuchen

4 zimmerwarme Bio-Eier (bei Bedarf in warmes Wasser legen), getrennt
1 Prise Salz
200 g weiche Butter plus zerlassene Butter für die Form
220 g Staubzucker
1 EL Vanillezucker
220 g glattes Mehl Type W480 plus Mehl für die Form
2 TL Backpulver
¼ TL geriebener Kardamom
100 g geriebene Haselnüsse
230 g Zucchini, fein geraspelt

Haselnüsse

100 g Haselnüsse
50 g Kristallzucker

Frosting

250 g Mascarpone
100 g Schlagobers
50 g Staubzucker
2 TL Saft sowie fein abgeriebene Schale einer halben Bio-Zitrone

Für den **Zucchinikuchen** das Backrohr auf 180 °C Ober-/Unterhitze vorheizen. Die Eiklar mit dem Salz mit den Quirlen des Handmixers zu steifem Schnee schlagen. Die Butter mit dem Staubzucker und dem Vanillezucker mit den Quirlen des Mixers sehr schaumig rühren. Dann nach und nach die Dotter unterrühren, zwischen der Zugabe der Dotter jeweils mindestens 1 Minute rühren.

Das Mehl mit dem Backpulver, dem Kardamom und den Haselnüssen vermischen. Die Hälfte der Mehlmischung zur Buttermischung geben, mit einem Spatel vermengen, dann die Hälfte des Schnees zusammen mit der Zucchini untermengen. Nun die zweite Hälfte der Mehlmischung und am Schluss die andere Hälfte des Schnees vorsichtig unterheben.

Die Kuchenform mit zerlassener Butter ausstreichen und mit Mehl ausstreuen. Nun den Teig in die Form füllen und den Kuchen ca. 50 Minuten backen, bis ein in die Mitte gestecktes Holzstäbchen trocken herausgezogen werden kann. Bei Bedarf nach 30 Minuten mit Alufolie abdecken, damit er nicht verbrennt. Herausnehmen, aus der Form lösen und mit der geraden Seite nach unten vollständig abkühlen lassen, damit das Frosting später nicht zerläuft.

Die **Haselnüsse** im 180 °C heißen Rohr ca. 7 Minuten rösten, anschließend etwas auskühlen lassen, dann die Haut mit den Fingern abreiben.

Den Zucker in einem kleinen Topf bei mittlerer Hitze zu goldbraunem Karamell schmelzen, dabei nicht rühren, sondern den Topf schwenken, damit der gesamte Zucker schmilzt. Nun die Haselnüsse im Karamell wenden und sofort auf einen Bogen Backpapier gleiten lassen. Abkühlen lassen, dann in Stücke schneiden.

Für das **Frosting** alle Zutaten mit den Quirlen des Mixers cremig aufschlagen.

Den ausgekühlten Kuchen mit der Mascarponecreme bestreichen und mit den karamellisierten Haselnüssen bestreuen.

Ich glaube fest daran, dass jeder Mensch eine „Superpower“ hat. Vielleicht besteht meine darin, Kuchen aufzupeppen.
Ein Zucchinikuchen ist ja an und für sich keiner, „der uns hinter dem Ofen hervorholt“ (O-Ton die Mittlere). Aber schaut euch dieses Prachtstück an: weicher, saftiger Kuchen, getoppt von cremigem, zitronigem Frosting. Und das Beste haben wir ihm als kleines Krönchen aufgesetzt: krachende, karamellig-süße Haselnüsse.

Ich glaube, er ist die Prinzessin unter all meinen Kuchenkreationen.

PÖHL & MAYR
DELIKATESSEN AM
KUTSCHKERMARKT

MARKTGESCHICHTEN

MARILLE

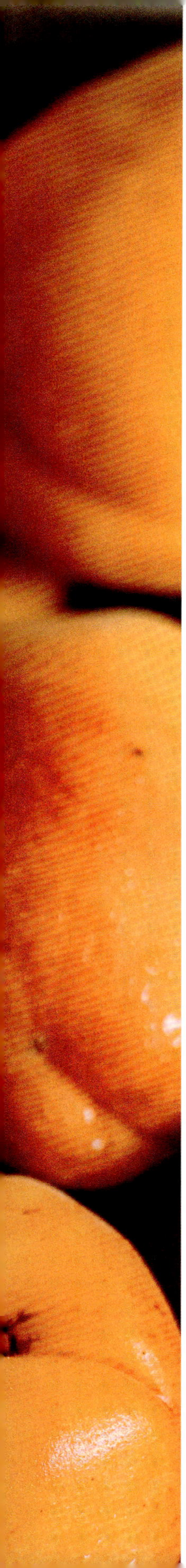

MARKTGESCHICHTEN

Samstagmorgens am Wochenmarkt in Wien. Ich genieße die Sonnenstrahlen, die mir auf die Nasenspitze scheinen, und warte geduldig am Obst- und Gemüsestand, bis ich an die Reihe komme. Mein Blick wandert über die Fülle des Angebotes: In den Körben liegen junge Zucchini, zarte Kohlrüben, frischer Salat. „Heute in der Früh geschnitten!", ruft mir die Marktstandlerin zu. Die Blumen aus dem Bauerngarten sind eine Augenweide, orange Ringelblumen, die ersten Sonnenblumen und „Froschgoscherln", also Löwenmaul, in bunten Farben. Daneben, aufgereiht wie kleine Sonnen, Marillen, sie lachen mich mit ihren roten Bäckchen an.

Das regt zum Sinnieren an: Ihr deutscher Name Aprikose heißt „die Sonnige" – wer kann ihr da widerstehen? Ihre Reise zu uns war lang: Alexander der Große hat die Marillen einst aus Asien in den Mittelmeerraum gebracht, von dort sind sie mit den Römern über die Alpen gezogen und auch bei uns heimisch geworden. In Österreich sind die Wachauer Marillen die berühmtesten, ihnen verhilft das Wechselspiel aus lauem pannonischen und rauem Waldviertler Klima zu süßsäuerlicher Fruchtigkeit. Nur die heimtückischen späten Nachtfröste sind für die Blüte gefährlich – und so bangt jedes Jahr im Frühling das ganze Land um die Marillenernte.

Neben mir kauft eine Mutter mit ihrem Kind zwei Kilo Marillen. „Ich mache heute Marillenknödel!", erzählt sie der Standlerin. Sie darf sich Früchte gleicher Größe heraussuchen und erfährt noch: „Die Marillen sind besonders süß, da brauchen Sie gar keinen Würfelzucker hineinzustecken, aber ein bisschen Zimt in den Bröseln schmeckt besonders gut!" Darauf erwidert die Dame: „Mein Bruder gibt immer ein paar Löffel geröstete Haselnüsse zu den Bröseln", und mir läuft schon das Wasser im Mund zusammen, wenn ich an all die flaumigen Obstknödel denke. Der junge Mann mit hipper Sonnenbrille hinter mir meint: „Also ich mache lieber ein Chutney aus den Marillen, mit Ingwer und Langpfeffer, das passt perfekt zu den Seitansteaks, die ich morgen grille."

Mir aber steht der Sinn nach Marillenkuchen. Die Standlerin erklärt gerade einem älteren Ehepaar, wie viele Sorten es gibt, mit Namen wie Rosenmarille oder Ambrosia, da fällt mein Blick auf die frischen Lavendelbündel nebenan. Jetzt weiß ich, wie ich aus meinem Marillenkuchen den besten aller Zeiten mache: Ich nehme Lavendelblüten, um die florale Note zu unterstreichen, verbacke sie zu knusprigen Streuseln und streue sie auf den fertigen Kuchen. Zu Hause ist der Teig schnell gerührt, und während der Kuchen im Rohr ist, schneide ich die restlichen Marillen klein und verkoche sie zu Marmelade. Dabei fällt mir ein, dass ich neulich bei einem befreundeten Koch pikante Marillenmarmelade zum Käse gegessen habe. Mit ein wenig Marillenschnaps und Wasabi verrührt war sie eine süß-scharfe Köstlichkeit, die ich bald nachkochen muss. Da kommt der Liebste nach Hause und ruft: „Gibt's Marillenmarmelade? Dann müssen wir morgen für die Kinder Palatschinken als Nachspeise machen!" In Wahrheit ist er das größte Kind von allen, wenn es Marillenpalatschinken gibt, und verdrückt schon mal drei Stück auf einmal.

SOMMERLICHER SPITZKRAUTSALAT
mit Marillen

1 kleiner Kopf Spitzkraut, auf der Mandoline gehobelt oder von Hand in feine Streifen geschnitten
Salz
Kristallzucker
Saft sowie fein abgeriebene Schale einer Bio-Orange
2 Karotten, geschält und geraspelt
1 kleiner Apfel, geraspelt
3 EL Sauerrahm
3 EL Himbeeressig plus etwas Essig für die Marillen
6 EL Olivenöl plus etwas Öl für die Marillen
frisch gemahlener Pfeffer
4–5 feste Marillen, halbiert und entsteint

Nach Lust und Laune

Petersilblätter
blühender Oregano

Das Kraut mit je 1 TL Salz und Zucker vermischen und von Hand kräftig mürb kneten, dabei immer wieder im entstehenden Saft wenden. Die Orangenschale, die Karotten und den Apfel zum Kraut geben und alles vermischen. Nun mit dem Sauerrahm, Orangensaft, Himbeeressig, Olivenöl, Salz und Pfeffer abschmecken und 30 Minuten durchziehen lassen.

Die Marillen mit je ¼ TL Salz und Zucker, etwas Himbeeressig und ein wenig Olivenöl vorsichtig verrühren und 15 Minuten durchziehen lassen, am Schluss pfeffern.

Den Krautsalat mit den Marillen belegen, nach Lust und Laune mit den Kräutern bestreuen und servieren.

Hier nun unsere Variante des amerikanischen Coleslaws, der über dem großen Teich bei keiner Grillerei fehlen darf. Fast schon frevlerisch haben wir die Mayonnaise über Bord geworfen und durch den schlankeren Sauerrahm ersetzt, ein Apfel kommt als Überraschungsgast dazu.

Kräuter geben den Frischekick, und weil wir gar zu gerne Obst zu unseren Salaten mögen, haben die pfeffrigen Marillen ebenfalls ihren Auftritt.

Lasst euch außerhalb der Saison am Markt inspirieren, nehmt Zwetschken im Herbst oder Granatapfelkerne im Winter.

PALATSCHINKEN
mit Marillenmarmelade

Marillenmarmelade

500 g Marillen, entsteint und in Stücke geschnitten
350 g Gelierzucker 1:1
Saft einer halben Zitrone

Palatschinken

(Teig für ca. 10 Stück)

130 g glattes Mehl Type W480
4 große Bio-Eier
250 g Milch
1 Prise Salz
Sonnenblumenöl zum Herausbacken
Staubzucker zum Bestreuen

Dieses Rezept ist dem Liebsten gewidmet, der Marillenmarmelade so sehr liebt, dass er jeden Sommer Angst hat, den Winter ohne passende Auflage für sein Mohnflesserl nicht überstehen zu können.

Und so koche ich ab Juli Marmeladevorräte ein, die dann bis zum Osterfrühstück halten müssen. Passenderweise sind Palatschinken sein Lieblingsdessert, oft schon hat er im Restaurant den Koch fragen lassen, ob dieser nicht schnell einen Teig zusammenrühren könne. Meistens geht das nicht, verständlich, denn Palatschinken für zwei Personen zu machen zahlt sich nicht aus.
Drum trommelt eure Lieben zusammen, versammelt alle um den Herd, nehmt die Pfanne zur Hand und backt Palatschinken wie unsere Omas.

Für die **Marmelade** die Marillen mit dem Zucker und dem Zitronensaft in einem breiten Topf vermischen und auf dem Herd bei allerkleinster Hitze rühren, bis Saft heraustritt. Diese Mischung idealerweise einige Stunden bei Zimmertemperatur ziehen (mazerieren) lassen, unter Zeitdruck kann jedoch auch sofort weitergearbeitet werden.

Die Marillenmischung bei höchster Hitze aufkochen, dabei stetig rühren. Den entstehenden Schaum mit einem flachen Sieb abschöpfen. Weiterkochen, bis die Blasen größer werden und der Schaum abnimmt. Einen Tropfen Marmelade auf einen kühlen Teller geben und mit einem Finger hindurchstreichen: Bleibt der Streifen sichtbar, ist die Marmelade fertig.

Die Marmelade vom Herd ziehen und mithilfe eines Marmeladetrichters fast randvoll in saubere (sterilisierte) Gläser füllen. Die Gläser sofort verschließen und umdrehen, damit sich ein Vakuum bildet und keine Bakterien entstehen können. Die Marmelade ist mindestens 3 Monate haltbar.

Für die **Palatschinken** alle Zutaten mit den Quirlen des Handmixers vermischen, bis ein glatter Teig entstanden ist. Mindestens 1 Stunde im Kühlschrank rasten lassen.

1 TL Sonnenblumenöl in einer mittelgroßen flachen Pfanne bei mittlerer Hitze heiß werden lassen, den Überschuss in ein Glas gießen. Nun 1 Schöpfer Teig in die leicht schräg gehaltene Pfanne gießen und den gesamten Boden durch Schwenken dünn damit bedecken. Auf den Herd stellen und herausbacken, dann die Palatschinke mit einem flachen Pfannenwender umdrehen und auch auf der zweiten Seite hellbraun backen.

Auf einen Teller gleiten lassen, mit zimmerwarmer Marillenmarmelade bestreichen, zu Vierteln zusammenklappen, mit Staubzucker bestreuen und sofort servieren. Die restlichen Palatschinken genauso zubereiten, dabei darauf achten, die Temperatur mit der Zeit ein wenig zu drosseln, da die Pfanne immer heißer wird.

MARILLENKUCHEN
mit Lavendelstreuseln

Für eine Kuchenform von 26 cm ø

Kuchen

5 zimmerwarme Bio-Eier (bei Bedarf in warmes Wasser legen), getrennt
1 Msp. Salz
250 g weiche Butter plus Butter für die Form
250 g Staubzucker plus Staubzucker zum Bestreuen
2 TL Vanillezucker
250 g glattes Mehl Type W480 plus Mehl für die Form
1 TL Backpulver
500 g Marillen, entsteint und geviertelt

Streusel

80 g glattes Mehl Type W480
65 g brauner Zucker
65 g kalte Butter
1 TL ungespritzte Lavendelblüten, bei Bedarf im Mörser zerrieben

Martha Stewart, die amerikanische Expertin für Kochen, Backen, Gärtnern und Dekorieren ist mein großes Vorbild. Von ihr habe ich das Motto „best of class" übernommen, also das Bestreben, alles, was ich mache, zur Perfektion zu bringen.

Das gilt auch für diesen Marillenkuchen, dessen Basis Omas Gleichschwerteig ist, der aber durch die vorgebackenen Streusel noch einen herrlichen Knuspereffekt bekommt.

Der überraschende Lavendel wiederum, der nur zart und bei manchen Bissen durchscheint, weckt Sehnsucht nach Frankreich … Ich glaube, Martha wäre stolz auf mich.

Für den **Kuchen** das Backrohr auf 180 °C Ober-/Unterhitze vorheizen. Die Eiklar mit dem Salz mit den Quirlen des Handmixers zu steifem, glänzendem Schnee schlagen. Die Butter mit dem Staubzucker und dem Vanillezucker mit den Quirlen des Mixers sehr schaumig rühren. Dann nach und nach die Dotter unterrühren, zwischen der Zugabe der Dotter jeweils mindestens 1 Minute rühren.

Das Mehl mit dem Backpulver vermischen. Ein Drittel der Mehlmischung zur Buttermischung geben, mit einem Spatel vermengen, dann ein Drittel des Eischnees unterheben. Auf diese Weise fortfahren, bis alles eingearbeitet ist.

Die Kuchenform einfetten und bemehlen. Den Teig in die Form streichen und die Marillen darauf verteilen. 50–60 Minuten im Rohr backen, bis ein in die Mitte gestecktes Holzstäbchen trocken herausgezogen werden kann. Den Kuchen bei Bedarf mit Alufolie abdecken, damit er nicht zu stark bräunt. Aus dem Rohr nehmen, aus der Form lösen und etwas abkühlen lassen.

Für die **Streusel** alle Zutaten mit den Fingern verbröseln, auf einem mit Backpapier ausgelegten Blech verteilen und im 180 °C warmen Rohr 10–15 Minuten goldbraun backen. Herausnehmen und nach dem Abkühlen in kleine Stücke brechen.

Die knusprigen Streusel auf dem frisch gebackenen Kuchen verteilen, bezuckern und servieren.

MARILLENKNÖDEL

Für die **Knödel** die Butter, das Ei, den Dotter, das Mehl, den Topfen, die Zitronenschale und 1 Prise Salz mit den Knethaken des Mixers oder mit einem Kochlöffel sehr gut vermischen und mindestens 2 Stunden im Kühlschrank rasten lassen.

Den Knödelteig auf einem Brett zu einer Rolle formen, dafür die Hände bei Bedarf leicht bemehlen. Den Teig in 10–12 Stücke (je nach Anzahl der Marillen) schneiden, diese in der Hand flach drücken und um die Marillen hüllen. Die Naht jeweils festdrücken und den gefüllten Teig mit beiden Händen zu Kugeln formen.

Wasser in einem großen Topf zum Kochen bringen und mit 1 Prise Salz versehen. Dann die Temperatur reduzieren und die Knödel einlegen. Wenn sie auf den Boden gesunken sind, mit einem Kochlöffel ganz zart anstupsen, damit sie sich nicht anlegen. Nun die Knödel vorsichtig köcheln bzw. ziehen lassen, es sollten nur sehr kleine Bläschen im Wasser zu sehen sein. Nach ca. 15 Minuten steigen die Knödel nach und nach auf und sind fertig.

Für die **Brösel** in der Zwischenzeit die Butter in einer großen Pfanne bei mittlerer Hitze zerlassen, dann die Semmelbrösel untermischen und langsam schön braun und knusprig rösten, dabei stetig umrühren, damit die Brösel vor allem in der Mitte der Pfanne nicht verbrennen. Am Schluss den Zucker untermischen.

Die Marillenknödel mit einem Siebschöpfer aus dem Wasser fischen und abtropfen lassen, in den Bröseln wenden, auf Tellern anrichten und bezuckern.

Wie schön wäre es, wenn ich euch zum Knödelkochen animieren könnte. Mindestens zweimal Marillenknödel pro Saison sollte es geben – eure Lieben werden es mir danken! Ganz besonders Kinder lieben Knödel, auch wenn es immer wieder erstaunlich ist, dass sie die Frucht aus der süßen Hülle schälen, um sie anschließend zu verschmähen.

Als Erwachsene lieben wir dann die Kombination aus säuerlicher Frucht und weichem Teig; das Kind in uns zählt stolz mit, wie viele Knödel wir dieses Mal geschafft haben – Rekordhalter in unserer Familie ist der Opa mit sechs Stück.

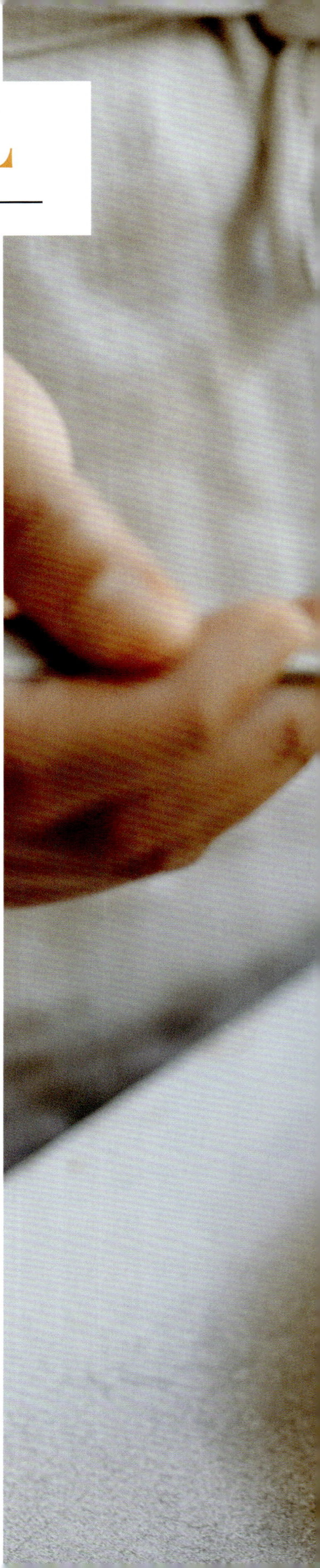

Knödel

70 g sehr weiche Butter
1 Bio-Ei
1 Dotter von einem Bio-Ei
150 g griffiges Mehl Type W480
plus Mehl zum Verarbeiten
400 g Topfen (20 %)
1 TL fein abgeriebene Bio-Zitronenschale
Salz
10–12 Marillen (je nach Größe)
Staubzucker zum Bestreuen

Brösel

80 g Butter
250 g Semmelbrösel
2 EL Kristallzucker

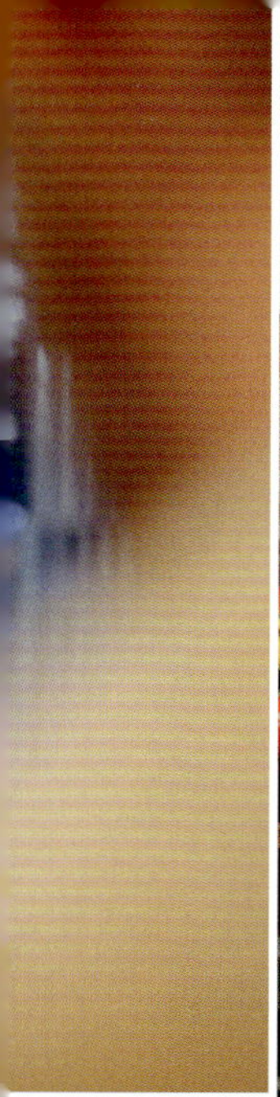

EIERSCHWAMMERL

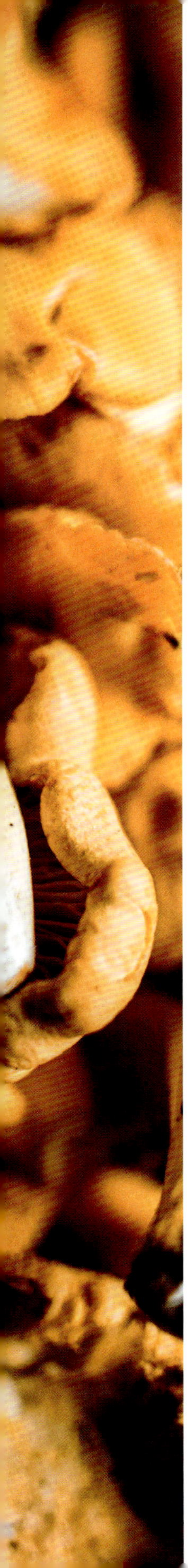

„Ganz frisch aus der Steiermark", ruft mir Erol zu, „und so schön knackig!" Bei meinem morgendlichen Spaziergang über den Markt bleibe ich stehen, mein Blick fällt auf zwei Kisten voller Eierschwammerl und ich glaube fast, meine geliebten Berge schicken mir einen Gruß. Ich stecke meine Nase in die dottergelben Pilze und bin in meinen Gedanken sofort beim vergangenen Wochenende, das ich auf dem Land verbracht habe. Wie schön sind die Spaziergänge über grüne Almwiesen, ich sehe mich nicht satt an den vielen Alpenblümchen – vor allem der Frauenmantel mit seinem besonderen Tau, dem Zauberwasser, hat es mir angetan. Auch die Kräuter lachen mich an, die Minze sammle ich zum Trocknen, den Dost, den wilden Bruder des Majorans, pflücke ich für die sonntägliche Eierspeise. Weiter im lichten Wald denke ich mir plötzlich: „Ui, da riecht's nach Schwammerln", und finde im Moosbett unter den Fichten zwei Handvoll Eierschwammerl. Gleich daneben ist ein Heidelbeerschlag, und so pflücke ich mir ein paar sonnenwarme Beeren.

Eierschwammerl werden bei uns seit der Antike verspeist. Im Mittelalter als „Arme-Leute-Essen" verpönt, erleben sie heute ein Revival als regionales Schmankerl. Ihr Geschmack ist mild bis pfeffrig, nicht umsonst werden sie auch Pfifferlinge genannt, bei uns in Österreich manchmal auch Nagerl, welch treffender Name für die kleinen, festen Exemplare. Es ist nicht möglich, Eierschwammerl kommerziell zu züchten, sie brauchen den richtigen Boden und das passende Klima, am liebsten feucht-warm, um so nach einem Sommergewitter buchstäblich aus dem Boden schießen zu können.

„Sie sind wirklich ein Geschenk der Natur", denke ich, als ich die gelben Pilze in der Steige betrachte. Neben mir steht ein Mann in den besten Jahren, graumelierter Dreitagebart und stramme Wadeln, er wirkt, als hätte er gestern noch die Rax bestiegen. „Jö, schauen die gut aus", sagt er, „da mache ich mir heute eine Pasta mit Speck, Eierschwammerln und den schönen alten Paradeisersorten, die jetzt auch reif sind." Mhmm, Parmesan und Petersil kann ich mir dazu auch gut vorstellen, das klingt herrlich.

Ich plane ein Eierschwammerl-Tatar, das kann ich gut vorbereiten und habe dadurch mehr Zeit für meine Gäste. Im Café überlege ich mit Daniel, ob ich es auf ein Bett aus dünn gehobeltem Kohlrabi platziere – also fancy Kohlrübencarpaccio – oder rustikal auf getoastetem Bauernbrot. Eine junge Dame im Retrokleid aus den 1950er-Jahren, die am Nebentisch sitzt, hört unser Gespräch und wirft ein: „Ich habe das übriggebliebene Brot der vergangenen Tage gesammelt, geschnitten und trocknen lassen, heute koche ich eine vegane Schwammerlsauce und selbst gemachte Semmelknödel, wie meine Omi!" Was für eine gute Idee, ich hoffe, es regnet viel in den nächsten Wochen, damit ich die neuen Rezepte ausprobieren kann. Daniel: „Nächste Woche könnten wir ein Eierschwammerlrisotto servieren, mit süßsauren Stachelbeeren, das passt perfekt zusammen!" Und dazu gibt es für die Fleischtiger geräucherten Wildschinken – womit ich schon wieder im Zauberwald bin.

EIERSCHWAMMERL-TATAR

700 g Eierschwammerl, mit einem trockenen Pinsel gesäubert, größere Exemplare geviertelt
Olivenöl
½ rote Zwiebel, geschält und sehr fein gewürfelt
½ Gurke, geschält, längs halbiert, das wässrige Innere herausgeschabt, das Fruchtfleisch in kleine Würfel geschnitten
2 Handvoll fein geschnittene Petersilblätter
Salz
frisch gemahlener Pfeffer
Saft sowie fein abgeriebene Schale einer Bio-Limette
2 Kohlrüben, geschält und auf der Mandoline oder mit einem scharfen Messer sehr dünn aufgeschnitten

Nach Lust und Laune

Radieschen
Brombeeren
Sprossen

Die Eierschwammerl in mehreren Durchgängen in Olivenöl knackig anbraten, nicht salzen! Anschließend mit einem großen Messer durchhacken. Mit den Zwiebel- und Gurkenwürfeln und dem Petersil vermischen, mit Salz, Pfeffer, Olivenöl sowie Limettensaft und -schale abschmecken.

Die Kohlrüben salzen, pfeffern und mit ein wenig Olivenöl beträufeln. Die Scheiben auf Teller verteilen, das Tatar mithilfe eines Servierrings darauf anrichten und nach Lust und Laune mit den Radieschen, den Brombeeren und den Sprossen dekorieren.

Dieses Eierschwammerltatar habe ich bei unseren Köchen im Himmelblau kennengelernt. Ich liebe die knackige Konsistenz der Schwammerl, die Frische der Gurken, die aromatischen Kräuter und als i-Tüpfelchen die sommerlichen Brombeeren, die so gern im Wald neben den Eierschwammerln wachsen.

Die Kohlrüben werden am besten auf der Mandoline gehobelt: ein unverzichtbares Küchenteil, preiswert und leicht zu verstauen, das in Windeseile hauchdünne Scheibchen produziert, die mir als Köchin sofort einen professionellen Hauch verleihen.

Pfeffermarillen

5 feste Marillen, entsteint und in Achtel geschnitten
je 1 EL Saft und fein abgeriebene Schale einer Bio-Orange
1 TL bunter Pfeffer, grob gemahlen
¼ TL Salz

Eierschwammerlrisotto

9 EL Butter
1 Zwiebel, geschält und in kleine Würfel geschnitten
300 g Risottoreis
125 g Weißwein
ca. 2 l heißer Gemüsefond
3 EL Olivenöl
400 g Eierschwammerl, mit einem trockenen Pinsel gesäubert, größere Exemplare halbiert
Salz
2 EL Saft sowie 1 TL fein abgeriebene Schale einer Bio-Zitrone
3 Handvoll frisch geriebener Parmesan
Oreganoblättchen, alternativ wilder Oregano (Dost)

EIERSCHWAMMERL-RISOTTO

mit Pfeffermarillen

Schwammerlsuchen ist das Hobby des Liebsten. Die besten Plätze in den Bergen zu entdecken, Fotos der Beute in die Familiengruppe zu schicken, Kinder und Hunde zu ausgedehnten Schwammerltouren mitzunehmen – herzhaftes Picknick inklusive – sind seine größten Freuden.

Wie haben wir dann gestaunt, als uns im stadtnahen Wienerwald ein älterer Herr mit einem riesengroßen Korb voller Parasole und Steinpilze entgegengekommen ist. Das Gute liegt oft so nah!

Für die **Pfeffermarillen** alle Zutaten vermengen und 30 Minuten ziehen lassen.

Für das **Eierschwammerlrisotto** 4 EL Butter in einem breiten Topf mit schwerem Boden zerlassen und darin die Zwiebelwürfel bei mittlerer Hitze glasig anschwitzen. Den Risottoreis dazugeben und ca. 2 Minuten durchrühren. Mit dem Weißwein ablöschen und diesen verkochen lassen. Nun immer wieder schöpflöffelweise heißen Gemüsefond dazugeben und verkochen lassen, dabei stetig rühren. Der Reis soll lebhaft vor sich hinköcheln und immer gerade mit Flüssigkeit bedeckt sein.

Wenn der Reis fast fertig ist, also cremig mit noch etwas Biss, das Olivenöl in einer großen Pfanne erhitzen. Die Eierschwammerl darin ca. 4 Minuten braten, dabei die Pfanne immer wieder schwenken. Anschließend 2 EL Butter dazugeben, salzen und noch 1 weitere Minute durchschwenken.

Das Risotto vom Herd ziehen, 3 EL Butter, Zitronensaft und -schale und 1 Handvoll Parmesan hinzugeben. Ca. 2 Minuten kräftig rühren, am besten mit einem flachen Holzlöffel, um die Stärke, die sich am Boden des Topfes gesammelt hat, aufzurühren. So wird das Risotto besonders cremig. Nun die Hälfte der Eierschwammerl mit der Flüssigkeit, die sich in der Pfanne gesammelt hat, vorsichtig unter das Risotto heben.

Das Risotto auf Tellern oder in Schüsseln anrichten, die restlichen Eierschwammerl darauf verteilen, mit den Pfeffermarillen belegen und mit Oregano bestreuen. Mit weiterem Parmesan servieren.

FISOLENGULASCH
mit Eierschwammerln und Erdäpfelstampf

Erdäpfelstampf

600 g mehlige Erdäpfel, geschält und in grobe Würfel geschnitten
Salz
60 g weiche Butter
frisch geriebene Muskatnuss

Fisolengulasch

1 kg Fisolen, das harte Ende entfernt, eventuelle Fäden gezogen
1 Lorbeerblatt
Salz
2 EL Butter
2 EL Sonnenblumenöl
2 Zwiebeln, geschält und in kleine Würfel geschnitten
2 rote Paprika, entkernt und in mittelfeine Streifen geschnitten
1 Knoblauchzehe, geschält und gerieben
2 EL süßes Paprikapulver
1 TL Paradeismark
2 Pimentkörner
3 Paradeiser, in Würfel geschnitten
¼ TL Honig
frisch gemahlener Pfeffer

Eierschwammerl

3 EL Olivenöl
250 g Eierschwammerl, mit einem trockenen Pinsel gesäubert
2 EL Butter
Salz

Nach Lust und Laune

Sauerrahm
Basilikum, Dille und Petersil oder eine Mischung nach Geschmack, grob gehackt

Für den **Erdäpfelstampf** die Erdäpfel in Salzwasser weich kochen, abseihen, wieder in den Topf geben und die Butter hinzufügen. Mit dem Erdäpfelstampfer zerstampfen und mit Salz und Muskatnuss abschmecken. Bei Bedarf vor dem Servieren wieder erwärmen.

Für das **Gulasch** die Fisolen mit dem Lorbeerblatt in einem großen Topf in reichlich Salzwasser 6 Minuten kochen, dann abseihen, dabei ein großes Glas der Kochflüssigkeit auffangen.

Butter und Sonnenblumenöl in einem großen Schmortopf erhitzen und die Zwiebelwürfel darin bei mittlerer Hitze sehr glasig anschwitzen. Die Paprikastreifen hinzufügen und weiterbraten, bis das Gemüse zu karamellisieren beginnt. Dann den Knoblauch dazugeben und 1 weitere Minute braten.

Das Paprikapulver, das Paradeismark und die Pimentkörner unterrühren, kurz durchrösten, dann mit der Hälfte des Fisolenfonds ablöschen. Dabei darauf achten, dass kein Paprikapulver am Topfrand kleben bleibt. Die Paradeiserwürfel in den Topf geben, 5 Minuten köcheln lassen, dann mit Honig, Salz und Pfeffer abschmecken.

Die Fisolen in die Schmorflüssigkeit geben und bei sanfter Hitze weich köcheln lassen, dabei bei Bedarf weiteren Fisolenfond angießen. Am Schluss noch einmal mit Salz und Pfeffer abschmecken.

Für die **Eierschwammerl** das Öl in einer Pfanne sehr heiß werden lassen. Die Eierschwammerl in das Öl geben, die Pfanne dabei immer wieder schwenken (Rühren so gut es geht vermeiden, damit die Schwammerl nicht zerbrechen). Nach ca. 4 Minuten die Butter in die Pfanne geben, die Schwammerl salzen und noch 1 Minute durchschwenken.

Das Gulasch in Schüsseln verteilen, die Eierschwammerl daraufsetzen, mit dem Erdäpfelstampf anrichten und nach Lust und Laune mit einem Klecks Sauerrahm und den Kräutern servieren.

Der Liebste hat seine Kindheitssommer mit seinen Eltern und Großeltern auf einem Bergbauernhof am Semmering verbracht. Dort, wo Wasser vom Brunnen geholt werden musste und Kuchen im Holzofen gebacken wurden, habe ich das Fisolengulasch meiner Schwiegermutter kennengelernt. Ein paar Jahre später haben wir als frischgebackene Eltern mit dem Ältesten die Familientradition fortgesetzt, an den geheimen Plätzen Eierschwammerl und Waldheidelbeeren zu brocken. Und das Fisolengulasch ist heute eines der Lieblingsessen des erwachsenen Kindes, das er, wenn der Koch auf Urlaub ist, gerne auch für unsere Gäste kocht.

PHYSALIS

MARKTGESCHICHTEN

Ich eile am Dienstagnachmittag über den Markt und entdecke einen jungen Mann, der ein Tischerl mit Obst und Gemüse aufstellt. Ich bleibe stehen und biete ihm einen Kaffee an, ein Stück Kuchen bringe ich auch vorbei. Und so erzählt er mir, dass er gemeinsam mit einer Jungbäuerin und einem Jungbauern eine Bio-Landwirtschaft im Waldviertel betreibt. Kennengelernt haben die drei einander beim Studium, beim Praktikum haben sie sich in die Gegend und in die Arbeit verliebt. „Wir wollen Ressourcen schonen, darum setzen wir auf Handarbeit, den natürlichen Dünger bringen unsere vier Pferde und zehn Hasen." Mir lacht das Herz ob dieser jungen Idealisten, als eine Frau mit ihrem Rad vorbeikommt, um sich ihr Biokisterl der Woche abzuholen. Neugierig schaue ich hinein und entdecke Paradeiser in allen Farben und eine große Scheibe Kohlrabi. „Das ist eine alte Sorte, die sich gut für die Lagerung eignet", sagt der Bauer. „Perfekt zum Suppekochen!" Dann fällt mein Blick auf den Tisch vor uns. Neben riesigen, hellgrünen Zucchini liegen leuchtendorange Physalis. „Seit wann gibt's denn Physalis aus dem Waldviertel?", frage ich erstaunt. „In unseren immer wärmeren Sommern gedeihen sie wunderbar", sagt der junge Mann.

Eine neue heimische Obstsorte, das sind gute Neuigkeiten, sind Physalis doch sehr gesund mit ihrem hohen Gehalt an Vitamin C, Provitamin A, Eisen und Phosphor. Ursprünglich kommen sie aus Südamerika, portugiesische Seefahrer haben sie nach Südafrika gebracht, wo sie besonders gut am Kap der guten Hoffnung gedeihen. Daher stammt ihr Name Kapstachelbeere, im Englischen werden sie auch Winterkirsche genannt.

Der junge Bauer erklärt gerade einem älteren Herren, wie wichtig samenfeste Obst- und Gemüsesorten im biologischen Anbau sind, als eine Frau mich anlacht: „Ich habe meine Physalis im Garten aus den Samen von den Früchten des Vorjahres gezogen. Sie brauchen ein Weilchen, um zu keimen, aber dann geht's flott dahin und jetzt im September naschen wir unentwegt die Früchte direkt vom Strauch!" „Ja, genauso machen wir es am Bauernhof", schmunzelt der Jungbauer, „aber auch Marmelade aus Physalis schmeckt gut." Ich koste eine der prallen orangen Früchte. Mhmm, süßsäuerlich und saftig, in einem Gemüsecurry kann ich sie mir gut vorstellen. Ich möchte aber auch ein Dessert aus ihnen zaubern, und so mariniere ich die Physalis mit Orangensaft und Zitronenverbene, um das Beste aus ihnen herauszuholen. Haselnussfinanciers sind schnell zubereitet, das Eiweiß, das mir gestern vom Germteig-Machen übrig geblieben ist, kann ich so auch aufbrauchen. Ich kann es kaum erwarten, die ofenwarmen Küchlein mit den saftigen Physalis und cremigem Vanilleeis zu verkosten.

Zu Hause beim Nachspeise-Löffeln tritt der schöne Moment ein, dass alle am Tisch beglückt verstummen. Zufrieden fülle ich die eingelegten Physalis in ein verschließbares Glas und stelle mir vor, wie sie mir morgen mein Joghurt und den Tag versüßen. Da schnappt mir der Jüngste, der Barkeeper der Familie, das Glas aus der Hand und lacht: „Danke, das kann ich für die WG-Party brauchen! Eine Freundin hat morgen Geburtstag und da gibt's für sie einen Cocktail mit Physalis, Gin und Prosecco. Mit einer Zitronenscheibe und Thymian im Glas!"

FRUCHTIGES GEMÜSECURRY
mit Physalis

Reis

300 g Duftreis (z.B. Basmati- oder Jasminreis)
2 EL Butter
Salz
60 g Mandelblättchen, in einer Pfanne trocken und sanft geröstet

Curry

2 EL Butter
2 EL Sonnenblumenöl
2 Zwiebeln, geschält und in kleine Würfel geschnitten
2 Knoblauchzehen, geschält und gerieben
1 EL Paradeismark
1 EL frisch geriebener Ingwer
1 gehäufter EL Currypulver
1 TL Fenchelsamen
½ Zimtstange
ca. 100 g heißer Gemüsefond
1 EL Honig plus Honig zum Abschmecken
Saft einer Zitrone
200 g Kokosmilch
Salz
1 Kopf Karfiol, in Röschen zerteilt
400 g Fisolen, das harte Ende entfernt, eventuelle Fäden gezogen
2 Karotten, geschält und schräg in Scheiben geschnitten
12–16 Physalis, je nach Größe in Stücke geschnitten

Nach Lust und Laune

Korianderblättchen
Joghurt
Olivenöl

Den **Reis** so lange kalt abspülen, bis das Wasser klar bleibt, anschließend abtropfen lassen. Die Butter in einem Topf zerlassen, den Reis dazugeben und durchrühren. Mit 450 g heißem Wasser aufgießen, gut salzen, einmal aufkochen lassen, erneut durchrühren, dann sofort abdecken. Auf eine Herdplatte stellen, die den gleichen Durchmesser wie der Topf hat, jedoch nur ganz leicht aufgedreht ist. 30–40 Minuten garen, währenddessen den Deckel nicht abheben. Wenn es in der Küche nach Reis duftet, ist er fertig.

Für das **Curry** währenddessen die Butter und das Sonnenblumenöl in einem Topf erhitzen und die Zwiebelwürfel darin sehr glasig anschmurgeln. Sobald sie Farbe zu nehmen beginnen, den Knoblauch, das Paradeismark und den Ingwer hinzufügen, noch 1 Minute weiterbraten, dann die Gewürze untermischen und den Gemüsefond angießen. 1 EL Honig, etwas Zitronensaft und die Kokosmilch dazugeben. Ca. 10 Minuten kochen lassen, dann den Zimt herausfischen und alles mit dem Stabmixer pürieren. Die Konsistenz bei Bedarf mit Gemüsefond anpassen. Mit Salz, Honig und Zitronensaft abschmecken.

In einem großen Topf Wasser erhitzen und gut salzen. Das Gemüse darin nacheinander bissfest garen, mit einem Siebschöpfer aus dem Wasser heben, gut abtropfen lassen und in den Curryfond legen. Die Physalis hinzufügen.

Den Reis mit den gerösteten Mandelblättchen bestreuen, das Curry mit dem Mandelreis anrichten. Nach Lust und Laune mit den Korianderblättchen bestreuen, einen Klecks Joghurt daraufsetzen und mit ein wenig Olivenöl beträufeln.

Natürlich darf auch in diesem Kochbuch ein Curry nicht fehlen. Diesmal hab ich es mit Tomatenmark versehen, weil ich bei Physalis immer auch an die Paradeiser denken muss, da sie beide die gleiche Heimat haben.

Meine Paradeiserzucht zu Hause lässt jedes Jahr zu wünschen übrig, leider habe ich den grünen Daumen meiner Omi wohl doch nicht geerbt. So habe ich beschlossen, nächstes Jahr Physalis in meinen Paradeisertöpfen zu züchten; Rezepte für die hoffentlich reiche Ernte im September habe ich ja nun genug.

Die Paradeisersorten, die im August und September auf den Märkten feilgeboten werden, sind eine wahre Augenweide. Die verschiedenen Farben von zinnoberrot über quietschgrün bis kanariengelb und die unterschiedlichen Formen von fast Ochsenherzgröße bis Minibirnengestalt machen das Anrichten zu einem künstlerischen Erlebnis.

In diesem Rezept kombiniere ich sie mit der fruchtig-säuerlichen Physalis und cremigem Hüttenkäse, der oft unterschätzt wird. Zitronenmelisse ist der Überraschungsfaktor und die Koriandertuiles sind das Souvenir des letzten Urlaubs in der Provence.

SALAT
mit alten Paradeisersorten, Physalis, Koriandertuiles und zitronigem Hüttenkäse

Koriandertuiles

1 Eiklar von einem mittelgroßen Bio-Ei
30 g Buchweizenmehl, alternativ glattes Mehl Type W480
30 g zerlassene Butter, lauwarm
¼ TL Salz
1 TL Koriandersamen, im Mörser zerrieben
grobes Salz zum Bestreuen

Hüttenkäse

250 g Hütttenkäse
1 kleine Handvoll Zitronenmelisseblätter,
in Streifen geschnitten,
plus Zitronenmelisseblätter zum Dekorieren
1 EL Olivenöl
Salz

Marinade

1 EL Himbeeressig
2 EL Weißweinessig
6 EL Olivenöl
2 EL Wasser
1 TL Honig
1 Msp. fein abgeriebene Bio-Zitronenschale
Salz

2 Handvoll bunte, alte Paradeisersorten, in Scheiben und Stücke geschnitten
1 Handvoll Physalis, halbiert

Für die **Koriandertuiles** das Backrohr auf 180 °C Ober-/Unterhitze vorheizen. Das Eiklar mit dem Buchweizenmehl, der Butter und dem Salz mit den Quirlen des Mixers kurz verrühren, bis sich die Masse verbindet. Dann den Teig esslöffelweise auf ein mit Backpapier ausgelegtes Blech setzen. Mit einem Messer flach über den Teig streichen, sodass hauchdünne Streifen entstehen. (Bei Bedarf mit zwei Backblechen arbeiten.) Mit den Koriandersamen und nach Wunsch etwas Salz bestreuen. 8–10 Minuten goldbraun backen, noch heiß über ein Nudelholz oder eine Flasche legen, alternativ zusammenrollen. Anschließend auskühlen lassen.

Den **Hüttenkäse** mit den restlichen Zutaten verrühren und abschmecken.

Für die **Marinade** alle Zutaten in ein Marmeladeglas geben, dieses verschließen und gut schütteln. Mit Salz abschmecken.

Den Hüttenkäse in einer kleinen Schüssel anrichten. Die Paradeiser und die Physalis in einer Schüssel mit der Marinade vermengen. Mit den Tuiles anrichten und mit Zitronenmelisseblättern dekorieren.

SCHOKOMOUSSE
mit Physalis und Mandeltuiles

Schokomousse

100 g Kuvertüre (mind. 40 % Kakaobuttergehalt), klein gehackt
120 g Schlagobers
2 sehr frische mittelgroße Bio-Eier, getrennt
1 Prise Salz
30 g Staubzucker
1 EL Espresso

Mandeltuiles

50 g Mandelblättchen
45 g Staubzucker
10 g glattes Mehl Type W480
1 Eiklar von einem mittelgroßen Bio-Ei
8 g zerlassene Butter, lauwarm

8–10 Physalis, ganz oder in Stücke geschnitten

Ich habe meine gesamte Schulzeit in einer Mädchenschule – einem Kloster – verbracht; eine Tatsache, die meine Kinder noch Jahrzehnte später zum Brüllen komisch finden.

Im jugendlichen Übermut habe ich (feministische Ansätze zeigten sich schon früh) das Fach „Handarbeiten" komplett verweigert, nicht ahnend, dass gewisse Fertigkeiten im späteren Leben durchaus hilfreich sein können. Das Fach „Kochen" wiederum hat meine Liebe zu meinem späteren Beruf geweckt, die Schokomousse der Schulrezepte war der Hit bei meinen Freunden.

Hier nun eine späte Interpretation, fachfraulich geschult und weiterentwickelt: Espresso unterstreicht die Schokoaromen, die Mandeltuiles bringen den Knuspereffekt und die Physalis kitzeln mit ihrer fruchtigen Säure den Gaumen.

Für die **Mousse** die Kuvertüre in einer Metallschüssel über einem Wasserbad unter Rühren schmelzen. Dabei darauf achten, dass der Schüsselboden nicht mit dem Wasser in Berührung kommt, sondern nur über dem Dampf steht. Das Schlagobers halbfest schlagen. Die Eiklar mit dem Salz mit den Quirlen des Handmixers zu Schnee schlagen. Die Dotter mit dem Staubzucker über dem Wasserbad mit den Quirlen des Mixers schaumig aufschlagen, dann den Espresso und die geschmolzene Kuvertüre darunterschlagen. Die Hälfte des Schnees darunterschlagen, dann zu einem Spatel wechseln und die andere Hälfte des Schnees sowie das Schlagobers vorsichtig unterheben. Die Schokomousse in Gläser oder kleine Schüsseln füllen und mindestens 2 Stunden im Kühlschrank rasten lassen, damit sie fest wird.

Für die **Tuiles** die Mandelblättchen, den Staubzucker und das Mehl vermischen. Das Eiklar mit einem Kochlöffel unterrühren, dann die Butter unterziehen. Die Masse mindestens 1 Stunde oder über Nacht im Kühlschrank rasten lassen.

Das Backrohr auf 180 °C Ober-/Unterhitze vorheizen. Ein Backblech mit Backpapier auslegen. Den Teig möglichst dünn und gleichmäßig auf das Papier streichen und 12–18 Minuten schön braun backen. Aus dem Backrohr nehmen und auf dem Blech erkalten lassen. Anschließend in Stücke brechen.

Das Schokomousse mit den Physalis und den Mandeltuiles servieren.

EINGELEGTE PHYSALIS

mit Zitronenverbene und Haselnussfinanciers

In der Patisserieschule habe ich durch meine französischen Lehrer die berühmten Financiers kennengelernt, die ihren Namen durch ihre goldgelbe Farbe und die charakteristische Form eines Goldbarren erhalten haben.

Nach Jahren des Backens bin ich selbstbewusst genug, diese Financiers nach meinem Geschmack abzuwandeln. Haselnuss harmoniert wunderbar mit Vanille und Kardamom, im Herbst und Winter werde ich dann immer tollkühner und interpretiere sie mit weihnachtlichen Gewürzen wie Zimt oder Nelken.

Der Einfachheit halber schnappen wir uns zum Backen das gute alte Muffinblech. Herrlich schmecken tun sie immer!

Für die **Physalis** den Zucker in einem kleinen Topf zu goldbraunem Karamell schmelzen, dabei nicht rühren, sondern den Topf schwenken, damit der gesamte Zucker schmilzt. Mit dem Orangensaft aufgießen (Achtung, Spritzgefahr!) und köcheln lassen, bis sich der Karamell vom Boden löst. Die Zitronenverbene und die Physalis einlegen und den Topf vom Herd ziehen.

Für die **Financiers** die Butter in einem kleinen Topf bei mittlerer Hitze schmelzen lassen, bis sie nussig riecht und gebräunt ist.

Alle trockenen Zutaten in einer Schüssel mischen. Den Honig, dann 2 Eiklar und anschließend 60 g der heißen Nussbutter – durch ein kleines Sieb gegossen – dazugeben. Mit den Quirlen des Handmixers auf hoher Stufe rühren, bis die Masse gut vermischt ist. Nun die verbliebenen Eiklar dazumischen und wieder rühren, bis sich die Masse verbindet. Mit Klarsichtfolie abdecken und 1 Stunde bei Zimmertemperatur oder über Nacht im Kühlschrank rasten lassen.

Das Backrohr auf 170 °C Umluft vorheizen. 8 Muffinförmchen mit Butter ausstreichen und mit Mehl bestreuen. Den Teig in die Formen füllen und ca. 15 Minuten backen, bis die Financiers gebräunt sind.

Die Haselnussfinanciers mit den eingelegten Physalis und Vanilleeis servieren.

Physalis

40 g Kristallzucker
250 g Orangensaft
8–10 große Zitronenverbeneblätter
200 g Physalis

Financiers

90 g Butter plus Butter für die Förmchen
100 g Staubzucker
40 g geriebene Haselnüsse
40 g glattes Mehl Type W480
plus Mehl für die Förmchen
¼ TL Backpulver
1 EL Vanillezucker
1 Prise gemahlener Kardamom
10 g Honig
4 Eiklar von mittelgroßen Bio-Eiern

Vanilleeis zum Servieren

MARKTGESCHICHTEN

HOLLER BLÜTEN & BEEREN

An einem spätsommerlichen Samstag spaziere ich über den Bauernmarkt und bewundere all das erntefrische Obst und Gemüse, das die Standler in ihren Weidenkörben feilbieten. Welch herrliche Farbenpracht! Bunte Dahlien stehen zwischen Körben von Zwetschken, alte Paradeisersorten zeigen sich in Rot, Orange und grünem Zebrakleid, die ersten hellgelben Äpfel warten neben tintenschwarzen kleinen Beeren – das sind doch Holunderbeeren? „Wenn der Holler reif ist, beginnt der Herbst", erklärt mir die Standlerin. „Die Beeren sind so gesund – voller Vitamin C – und sie schmecken herrlich, meine Kinder lieben Hollerröster!"

Der Holunder ist einer der häufigsten Sträucher Mitteleuropas, er wächst in unseren Bergen bis auf 1500 Meter hinauf. Früher durfte er als Lebensbaum in keinem Garten fehlen, wussten die Menschen doch, wie wirksam der Tee aus den getrockneten Blüten im Winter gegen Erkältungen war. „Holunder tut Wunder!", erzählten die Omis ihren Enkeln. Die Beeren wurden auch zum Färben von Haaren, Leder und Wein eingesetzt. Heute ist die Steiermark das größte Anbaugebiet, doch Holunderbeeren beim Spazierengehen selbst zu pflücken ist am allerschönsten. Der knorrige Strauch ist wahrlich magisch – nach altem Glauben wohnt die germanische Göttin Holla darin. Jedem Kind bestens bekannt als Frau Holle aus Grimms Märchen, war sie als Hüterin der Erde so wichtig, dass die Menschen mancherorts noch heute vor dem Hollerstrauch den Hut ziehen.

„Im Frühling setze ich immer Hollerblütensirup an", erzählt eine junge Frau am Marktstand, „mit Prosecco aufgespritzt ist das ein herrlicher Aperitif, mit Soda, Minzblättern und Zitronenscheiben das beste Sommergetränk." Da ruft ein älterer Herr: „Ich liebe die Beeren, sie sind doch etwas ganz Besonderes! Eingemacht schmecken sie zu Wild ganz vortrefflich!" Und eine Dame, die ihren kleinen weißen Pudel im Arm hält, erzählt: „Ich lasse sie einmal kurz aufkochen, gebe ein wenig Zucker, Zimt und Zitronenschale dazu und genieße sie mit kühlem Joghurt."

Zu Hause hülle ich mich in Schürze und Einweghandschuhe, um die schwarzen, saftigen Früchte von den Stängeln zu rebeln. Mir schwebt eine köstliche Nachspeise vor: herrlich knusprige, ofenfrische Nusskekse, dazu eine zitronige Creme, dramatisch marmoriert mit den frisch eingelegten Beeren. Als Beilage gibt's für die ganze Familie Anekdoten von Frau Holle: Die Schäfchenwolken am Himmel stammen aus ihrer großen Schafherde, die Spinnenfäden des Altweibersommers sind ihre Haare, die sie im Herbst verliert. Und auch in den Jodlerrufen steckt ihr Name: Holladrio! „So ein Holler!", ruft da die Mittlere, die mit meinen mystischen Erzählungen so gar nichts anzufangen weiß. „Aber das Cookie-Sandwich will ich trotzdem!"

HOLLERBLÜTENSIRUP

800 g Wasser
500 g Kristallzucker
12 frische Dolden Hollerblüten, an einem trockenen Tag gepflückt und vorsichtig ausgeschüttelt, um sie zu säubern
2 Bio-Zitronen, in Scheiben geschnitten

Leitungswasser, Soda oder Prosecco zum Aufgießen
Zitronensaft und/oder Zitronenscheiben zum Servieren
Minzblätter zum Servieren

Das Wasser mit dem Zucker aufkochen. Die Hollerblüten in den Sirup geben und erneut aufkochen lassen. Die Zitronen hinzufügen. Den Sirup auskühlen lassen und 1 Tag an einem kühlen Ort ziehen lassen.

Den Sirup am nächsten Tag durch ein Sieb in einen zweiten Topf seihen, einmal aufkochen lassen und in saubere (sterilisierte) Flaschen abfüllen. Im Kühlschrank gelagert ist er bis zu 3 Monate haltbar.

Den Sirup mit Leitungswasser, Soda oder Prosecco aufgießen, mit Zitronensaft und/oder Zitronenscheiben und frischer Minze servieren.

Für mich gibt es einige Mysterien im Leben: Wie ist es möglich, dass ich über die Grenze nach Italien fahre, und schon gibt es bei der ersten Autobahntankstelle den herrlichsten Cappuccino?

Wir haben in Österreich doch wunderbares, glasklares Trinkwasser, gute Röstereien gibt es zuhauf, und die Kaffeemaschinen aus Italien haben im 21. Jahrhundert auch schon längst ihren Weg zu uns gefunden. Und doch ist der Kaffee in Italien immer noch um Klassen besser, der Himmel weiß, warum.

Zeitgleich gibt es ab dem Grenzfluss aber keinen Hollersirup mehr, obwohl in ganz Oberitalien wunderschöne große Hollerbüsche wachsen. Ich glaube, ich muss meine italienischen Freunde mit diesem Rezept von ihrem neuen Glück überzeugen.

ERDBEERMARMELADE
mit Hollerblüten

840 g Erdbeeren, geputzt und in kleine Stücke geschnitten
160 g Himbeeren (TK)
700 g Gelierzucker 1:1
Saft einer Zitrone
3 Hollerblütendolden

Die Erdbeeren und Himbeeren mit dem Zucker und dem Zitronensaft in einem breiten Topf vermischen und auf dem Herd bei allerkleinster Hitze rühren, bis Saft heraustritt. Einmal aufkochen lassen, umrühren und idealerweise einige Stunden bei Zimmertemperatur ziehen (mazerieren) lassen. (Unter Zeitdruck ist es auch möglich, sofort weiterzuarbeiten.)

Die Beerenmischung bei höchster Hitze aufkochen, dabei stetig rühren. Den entstehenden Schaum mit einem flachen Sieb abschöpfen. Nun mit einem Stabmixer pürieren und die Hollerblüten zur Marmelade geben. Weiterkochen, bis die Blasen größer werden und der Schaum abnimmt. Einen Tropfen Marmelade auf einen kühlen Teller geben und mit einem Finger hindurchstreichen: Bleibt der Streifen sichtbar, ist die Marmelade fertig.

Die Hollerblüten aus dem Topf fischen, die Marmelade vom Herd ziehen und mithilfe eines Marmeladetrichters fast randvoll in saubere (sterilisierte) Gläser füllen. Die Gläser sofort verschließen und umdrehen, damit sich ein Vakuum bildet und keine Bakterien entstehen können. Die Marmelade ist mindestens 3 Monate haltbar.

Mit Hunden zu leben bedeutet, jeden Tag des Jahres – ob es stürmt, schneit oder die Sonne lacht – spazieren zu gehen.

Und so erlebe ich den Wandel der Jahreszeiten hautnah mit, im Frühling sehne ich das erste Grün des Bärlauchs herbei, und Wochen später kann ich es nicht lassen, meine Nase in die duftenden Dolden des Hollerbusches zu stecken. Und weil ich auf meinem Weg jeden Strauch kennenlerne, sind ein paar Hollerblüten flugs gepflückt.

So kann ich schon vor dem Spaziergang die Erdbeermarmelade ansetzen, auf dass sie Zeit hat zu gelieren und ihre herrliche rote Farbe behält. Beim nochmaligen Aufkochen werden dann die Blüten in die Marmelade gesteckt – das ist Frühlingsfreude pur!

OFENZELLER
mit knusprigen Schwarzbrotbröseln und süßsauer eingelegten Hollerbeeren

Für die **Hollerbeeren** Essig, Wein, Zucker, Honig und Pfeffer aufkochen und 3 Minuten kochen lassen. Die Hollerbeeren hinzufügen und nochmals 3 Minuten sanft köcheln lassen. In vorbereitete saubere Gläser verteilen, diese verschließen und die Beeren auskühlen lassen. Anschließend im Kühlschrank mindestens 2 Tage durchziehen lassen. Bei Zimmertemperatur servieren. Die Hollerbeeren sind im Kühlschrank bis zu 1 Woche haltbar.

Für den **Ofenzeller** das Backrohr auf 190 °C Ober-/Unterhitze vorheizen. Das Salz in einer kleinen ofenfesten Pfanne verteilen und den Zeller daraufsetzen. Ca. 3 Stunden garen, bis eine Messerspitze ganz leicht in den Boden gesteckt werden kann.

Für die **Brösel** das Schwarzbrot in kleine Würfel, dann entweder mit dem Messer oder dem Cutter in kleine Brösel schneiden. Die Butter in einer kleinen Pfanne aufschäumen lassen. Die Schwarzbrotbrösel darin knusprig braun braten, anschließend auskühlen lassen und mit dem Kren vermischen.

Den warmen Zeller aufschneiden und mit den eingelegten Hollerbeeren und den Bröseln servieren.

Vielleicht ist dieses Rezept die Quintessenz dieses Kochbuches.

Aus einfachen Zutaten das tollste Essen zaubern, das hat doch was, findet ihr nicht? Brotbrösel aus altbackenem Brot, Hollerbeeren aus dem Wald und eine Zellerknolle, die so lange gegart wird, bis sie süß und butterweich ist – „simple and delicious".

Fleischtiger wie der Liebste freuen sich über in Öl angeschmurgelte Blunzenscheiben als Beilage, und so sind wir dann alle glücklich und froh.

Tipp

Die Hollerbeeren können durch tiefgefrorene Waldheidelbeeren ersetzt werden.

Hollerbeeren

70 g Weißweinessig
70 g Rotwein
75 g Kristallzucker
75 g Honig
8 Pfefferkörner
300 g Hollerbeeren

Ofenzeller

1 Handvoll grobes Salz
1 große Zellerknolle

Brösel

4 Scheiben altbackenes Schwarzbrot
2 EL Butter
1 EL Kren, frisch gerissen

Ich kenne nichts Schöneres, als im späten Sommer Hollerbeeren zu pflücken. Weil ich noch vom Frühling genau weiß, wo die besten Sträucher stehen, kann ich wahrlich aus dem Vollen schöpfen.

Unglaublich, wie viele Beeren ein einziger Strauch für uns bereithält – es ist für mich immer wieder ein Wunder der Natur, für das ich einfach nur dankbar bin.

Freundinnen, die mit mir spazieren, wundern sich oft über meinen Jagdtrieb nach Wildkräutern – mit diesem Rezept allerdings habe ich noch alle zum Hollerbeeren-Essen bekehrt.

COOKIE-SANDWICH

Teig

90 g glattes Mehl Type W480 plus Mehl für die Arbeitsfläche
50 g geriebene Haselnüsse
40 g Staubzucker
1 TL Vanillezucker
1 Prise Salz
1 Prise gemahlener Kardamom
100 g kalte Butter, in Stücke geschnitten
1 Dotter von einem kleinen Bio-Ei

Fülle

100 g Hollerbeeren
30 g Kristallzucker
50 g Schlagobers
20 g Staubzucker
100 g Mascarpone
je 1 EL Saft und fein abgerieben Schale eine Bio-Zitrone

Für den **Teig** das Mehl mit den Nüssen, dem Staub- und Vanillezucker, dem Salz und dem Kardamom in einer Schüssel vermischen. Die Butter mit den Knethaken des Mixers in die Mehlmischung rühren, bis die Butterstücke erbsengroß sind. Dann den Dotter dazugeben und rühren, bis sich alle Zutaten zu einem glatten Teig zusammenfügen. (Alternativ alle Zutaten nicht zu lang von Hand kneten, bis sie sich verbinden.) Zu einer Scheibe formen, in Frischhaltefolie wickeln und mindestens 2 Stunden oder über Nacht im Kühlschrank rasten lassen.

Den Teig 10 Minuten vor der Weiterverarbeitung aus dem Kühlschrank nehmen. Das Backrohr auf 180 °C Ober-/Unterhitze vorheizen. Den Teig auf einer leicht bemehlten Arbeitsfläche ca. 4 mm dick ausrollen, 8 Kreise ausstechen, auf ein mit Backpapier ausgelegtes Blech legen und ca. 8 Minuten goldbraun backen, anschließend aus dem Rohr nehmen und vollständig abkühlen lassen. (Übrigen Teig entweder einfrieren, siehe Tipp, oder gleich verarbeiten und fertig gebacken mit Marmelade füllen.)

Für die **Fülle** die Beeren mit dem Kristallzucker in einem kleinen Topf verrühren, 2 Minuten kochen, dann auskühlen lassen. Das Schlagobers mit dem Staubzucker steif schlagen und mit der Mascarpone und Zitronensaft sowie -schale vermengen. Beeren und Mascarponemasse so verrühren, dass ein marmorierter Effekt entsteht.

4 Kekse mit der Fülle bestreichen, die übrigen Kekse als Deckel daraufsetzen.

Tipp

Auch wenn Mürbteig ansonsten recht pflegeleicht ist – eine zu geringe Menge lässt sich einfach nicht zubereiten. Daher friere ich Reste, die nicht verwendet werden, ein und habe so immer eine Keksreserve für Momente, in denen ich Lust auf buttrige, knusprige Naschereien bekomme. Den Teig zum Einfrieren am besten ausstechen und die Kekse in einer Lage auf einem mit Backpapier ausgelegten Brett tiefkühlen. Sobald sie gefroren sind, in ein Plastiksackerl umfüllen. So sind sie bis zu 1 Monat haltbar. Sie werden tiefgekühlt gebacken, die Backzeit verlängert sich um 3–5 Minuten.

ARTISCHOCKE

Der Wind bläst mir einen Haufen bunter Blätter entgegen, als ich an diesem herbstlichen Tag über den Markt spaziere. Vor Erols Gemüsestand bleibe ich stehen und schaue ganz verzückt auf die Steigen voller Artischocken, von Babygröße bis zur ausgewachsenen Riesenblüte. Sie sind mit ihren pflaumenfarbenen Blättern so wunderschön, dass ich am liebsten ein Foto von ihnen in meine Küche hängen würde. Bei ihrem Anblick denke ich gerne an die Jahre zurück, die ich in Padua gelebt habe. Dort am wunderschönen Obst- und Blumenmarkt saßen den ganzen Winter über Frauen über Holzfässer gebückt und ließen ihre frisch geputzten Artischocken in Holzfässer mit Zitronenwasser plumpsen.

Die Artischocke ist ein sagenumwobenes Gemüse: Zeus verliebte sich in ein wunderschönes Mädchen namens Cynara und verwandelte sie in eine Göttin. Oben im Olymp bekam sie allerdings schreckliches Heimweh und wollte wieder auf die Erde zurück. Der Göttervater war darüber so wütend, dass er sie in eine stachelige Distelblume – die Artischocke – verwandelte. Kein Wunder, dass wir heute die Artischocke als Göttin aller Gemüsesorten bezeichnen.

Am Marktstand sagt eine schicke Dame: „Oh, Artischocken, sie erinnern mich immer an Rom. Dort gibt es viele verschiedene Sorten, auch dornenlose, und am allerbesten schmecken sie zweimal in Öl frittiert. Die Speise heißt ‚Carciofi alla giudia' und wird in den Lokalen im ehemaligen jüdischen Viertel serviert. Wär ich jetzt gern dort!" „Gegen Fernweh hilft es, Lieblingsspeisen aus dem Urlaub zu kochen", sagt ein älterer Herr. „Ich mach mir gleich nächstes Wochenende einen Artischockenaufstrich, der ist ruckzuck fertig. Und servier ihn mit getoastetem Brot als Bruschetta, mit einem Gläschen Prosecco bin ich dann gedanklich sofort in Italien!"

Ich aber plane, es meiner frankophilen Cousine gleichzutun, eine große Artischocke in Zitronenwasser zu kochen und mit meiner berühmten blitzschnellen Mayonnaise zu servieren. Zu Hause breche ich die harten äußeren Blätter des Blütengemüses ab und erzähle dabei der Mittleren von der heimischen Silberdistel, die ich als Kind bei Wanderungen als Jägerbrot gegessen habe. „Apropos Distel", sagt sie da, „sie ist für mich das Symbol des Feminismus und steht für Kraft und Widerspenstigkeit, darum möchte ich mir eine auf den Unterarm tätowieren lassen!" Mir wird ein bisschen blümerant ob dieser Aussage, aber ich gebe mir einen Ruck und sage: „Na dann vielleicht eine Artischocke, die blüht so schön lila!" „Viel zu wenig stachelig, und außerdem schmeckt sie zu gut, das wär ja wohl eher was für dich!" „Kommt nicht in Frage", meine ich, „wenn schon ein Tattoo, dann ein Gugelhupf."

ARTISCHOCKEN
mit Zitronenmayonnaise

Artischocken

2 große Artischocken, die äußersten, harten Blätter entfernt, der Stängel abgeschnitten
1 Bio-Zitrone
2 Zweige Thymian, die Blättchen abgezupft
2 Lorbeerblätter
3 Wacholderbeeren
3 Pimentkörner

Mayonnaise

Saft sowie 1 TL fein abgeriebene Schale einer halben Bio-Zitrone
1 gehäufter TL Senf
½ TL Salz
1 zimmerwarmes Bio-Ei (bei Bedarf in warmes Wasser legen)
200 g Sonnenblumen- oder Rapsöl, die Flasche in heißes Wasser gelegt, um das Öl zu wärmen
1 EL Olivenöl
2 EL Joghurt

Die **Artischocken** in einem großen Topf mit Wasser bedecken. Den Saft der Zitrone hineinpressen und auch die ausgepressten Schalenhälften hineingeben, die Kräuter und Gewürze hinzufügen, aufkochen und 25–35 Minuten köcheln lassen. Um zu prüfen, ob die Artischocken weich sind, mit einem kleinen scharfen Messer in die Unterseite stechen. Die Artischocken aus dem Wasser fischen und abtropfen lassen.

Für die **Mayonnaise** den Zitronensaft, den Senf, das Salz und das Ei in ein hohes, schmales Plastikgefäß geben und mit einer Gabel versprudeln. Das Sonnenblumenöl dazugießen und nun mit einem Stabmixer vom Boden beginnend aufmixen, dabei den Stabmixer langsam nach oben ziehen, bis sich die Zutaten zu einer Mayonnaise verbinden (das dauert ca. 10 Sekunden). Dann das Olivenöl, das Joghurt und die Zitronenschale mit einem Löffel unterrühren und die Mayonnaise mit Salz abschmecken.

Die Artischockenblätter abzupfen und das weiche Ende in die Mayonnaise tunken. Wenn alle Blätter aufgegessen sind, das „Heu" aus dem Herz herausschaben, den Boden in Scheiben schneiden und mit der Mayonnaise essen.

Meine Mutti ist in der Familie die Mayonnaisekönigin. Es gibt in unserem Familienschatz viele Rezepte, die sich die Kinder und der Liebste zu Festen von ihr wünschen: Gemüsemayonnaise zu Ostern, eingelegter Matjes zu Weihnachten – nach einem alten holländischen Familienrezept zubereitet – oder Mayonnaise-Erdäpfelsalat zum Schnitzerl. Dazu gibt es immer die Anekdote, wie die Oma als Kind die Mayonnaise händisch gerührt hat – heutzutage unvorstellbar.

Auch meine Mutti und ihre Schwestern rühren heute die Mayonnaise mit dem Mixer, ich aber gehe noch weiter und habe ein Blitzrezept entwickelt, außerdem hat Daniel mir noch den Tipp gegeben, ganz am Schluss einen Esslöffel Olivenöl unterzuziehen.

Hier also unser Familienrezept 2.0.

ARTISCHOCKEN
mit Röstgemüsetatar

*Das ist mein Rezept für Artischockenneulinge.
Die Babyartischocken sind so zart, dass sie schnell geputzt sind, und die Kombination mit dem Tatar ist einfach himmlisch. Es wurde für unsere Buchhandlung ums Eck kreiert, dort kann man abends den ganzen Laden mieten, um mit den Lieben ungestört in allen Büchern zu schmökern.*

*Die Gäste lesen einander geliebte Passagen vor, manchmal ist es auch ganz still, weil alle so in die Bücher vertieft sind. Zur Stärkung gibt es dann ein kleines Buffet à la Himmelblau – besagtes Tatar ist immer dabei.
Für den Bücherabend zu Hause habe ich es noch mit den herrlichen Babyartischocken aufgepeppt.*

Für das **Tatar** das Backrohr auf 190 °C Ober-/Unterhitze vorheizen. Die Karotten in einer ofenfesten Pfanne oder einer Auflaufform mit ein wenig Olivenöl vermengen, salzen und 10 Minuten im Rohr garen. Dann die Paprikastücke untermengen, nochmals salzen und weitere 10 Minuten garen. Nun die Zucchinistücke hinzufügen, eventuell mit ein wenig mehr Olivenöl vermischen und nochmals 15 Minuten garen. Aus dem Backrohr nehmen und auskühlen lassen.

Für die **Artischocken** kaltes Wasser in eine Schüssel geben, den Saft der Zitrone hineinpressen und auch die ausgepressten Schalenhälften hineingeben. Den Stiel der Artischocken etwas kürzen und mit einem kleinen scharfen Messer schälen. Die äußeren, harten Blätter entfernen, bis die hellgelben Blätter der Knospe erreicht sind. Die Spitzen der zarten Artischockenblätter abschneiden und wegwerfen. Die Artischocken anschließend längs halbieren und das „Heu" mit einem Teelöffel herausschaben. Die Artischocken längs vierteln und sofort in das Zitronenwasser legen.

Das Olivenöl in einer großen Pfanne erhitzen. Die abgetropften Artischockenviertel hineinlegen, salzen und unter gelegentlichem Wenden 4 Minuten sanft braten. Dann die Zwiebelwürfel hinzufügen und nochmals 3 Minuten braten. Das Paradeismark unter die Artischocken rühren und 1 Minute braten, dann den Paradeiser und seinen Saft dazugeben und eventuell ein wenig vom Zitronenwasser hinzufügen. So lange schmoren lassen, bis die Artischocken bissfest sind, bei Bedarf noch etwas mehr Zitronenwasser dazugeben. Am Schluss sollte die Flüssigkeit verkocht sein. Die Artischocken anschließend mit etwas Olivenöl und dem Petersil vermengen und mit Salz und ein wenig Honig abschmecken.

Das Röstgemüse mit einem großen Messer durchhacken, bis die gewünschte Konsistenz erreicht ist, mit Kardamom, Orangenschale, Salz und eventuell noch ein wenig Olivenöl abschmecken.

Die geschmorten Artischocken mit dem Röstgemüsetatar servieren.

Tatar

2 Karotten, geschält und in 1 cm breite Scheiben geschnitten
Olivenöl
Salz
2 gelbe Paprika, entkernt und in 1 cm große Würfel geschnitten
1 Zucchini, in 1 cm große Würfel geschnitten
1 Msp. gemahlener Kardamom
½ TL fein abgeriebene Bio-Orangenschale

Artischocken

1 Bio-Zitrone
12 Babyartischocken
3 EL Olivenöl plus Öl zum Abschmecken
2 EL feinste Zwiebelwürfel
1 TL Paradeismark
1 Paradeiser, in ½ cm große Würfel geschnitten
2 EL gehackte Petersilblätter
Salz
Honig

PASTA CON CARCIOFI

1 Bio-Zitrone
4 große Artischocken
3 EL Olivenöl
2 EL feinste Zwiebelwürfel
2 EL trockener Weißwein
10 getrocknete Paradeishälften, in Streifen geschnitten
Salz
frisch gemahlener Pfeffer
400 g Pasta (z.B. Penne Rigate)
4 EL frisch geriebener Parmesan
plus Parmesan zum Servieren
1 Handvoll Pinienkerne, in einer Pfanne trocken und sanft geröstet
2 Handvoll Rucola

Dies ist ein herrliches Rezept, wenn es schnell gehen muss, ihr euch aber trotzdem etwas Besonderes gönnen wollt. (Wenn es noch schneller gehen muss, kauft einfach geputzte Artischockenböden in Lake oder in der Dose.)

Mit ein wenig Übung geht das Putzen flott dahin, und während die Artischockenböden friedlich vor sich hinschmurgeln, kocht die Pasta. Den Rucola essen wir nicht als Salat, sondern als krautig-frische Zutat – wieder eine Schüssel gespart!

Auch wenn ich die Pasta als Mittagessen koche, gönnen wir uns dazu ein Gläschen vom guten Weißwein und lassen alle Südländer, die sich so etwas immer und ganz ohne schlechtes Gewissen gönnen, hochleben.

Kaltes Wasser in eine Schüssel geben, den Saft der Zitrone hineinpressen und auch die ausgepressten Schalenhälften hineingeben. Alle Blätter der Artischocken mit einem scharfen Messer entfernen, bis der hellgelben Boden mit den feinen Haaren erreicht ist. Nun das „Heu" mit einem kleinen scharfen Löffel herausschaben und alle dunklen, festen Teile mit einem kleinen Messer wegschneiden, dabei den Stiel ebenfalls entfernen. Die Böden halbieren und in feine Scheiben schneiden. Diese sofort in das Zitronenwasser legen, damit sie sich nicht verfärben.

Das Olivenöl in einer Pfanne erhitzen. Die Artischockenscheiben darin 3 Minuten anschmurgeln, dann die Zwiebelwürfel hinzufügen und umrühren. Nun nochmals 2 Minuten braten, dann mit dem Weißwein aufgießen und diesen verkochen lassen. Jetzt die getrockneten Paradeiser dazugeben und ein wenig Zitronenwasser hinzufügen. Mit Salz und Pfeffer würzen und die Artischocken bissfest garen, eventuell noch ein wenig Flüssigkeit nachgießen.

In der Zwischenzeit reichlich Wasser in einem großen Topf aufkochen, gut salzen und die Pasta darin al dente garen. Abseihen, dabei etwas Kochwasser auffangen.

Die Pasta zurück in den Topf geben, die Artischocken mit 4 EL Kochwasser untermischen. Gut umrühren, dann den Parmesan hinzufügen und auf sanfter Flamme weiterrühren, bis sich alle Zutaten cremig verbinden. Mit Salz und Pfeffer abschmecken.

Die Pasta mit den Artischocken anrichten und mit den Pinienkernen, etwas Parmesan und dem Rucola bestreut servieren.

ZWETSCHKE

„Mein lieber Freund und Zwetschkenröster!", rufe ich Erol zu, während er mir das glänzende Fruchtfleisch der ersten heimischen Zwetschken zeigt. „Schau mal, wenn sich der Kern leicht löst, sind sie reif", erklärt er. „Bei uns in Bulgarien hat jeder Garten seinen Zwetschkenbaum, meine Oma hat immer Zwetschkensaft gemacht." „Oder Schnaps", lacht die Gruppe der Standler, „‚Sliva' heißt im Balkan Zwetschke, daher kommt der Name ‚Sliwowitz'." In Österreich wachsen die lila Früchte sogar auf 1000 Höhenmetern in Tirol, wo die berühmten Stanzer Zwetschken herkommen.

Das teure Holz der Zwetschke ist begehrt und selten – ihr griechischer Name weist auf ihre Herkunft hin, sie heißt „die Pflaume aus Damaskus". PhilologInnen rätseln bis heute, wie der Name Zwetschke entstanden ist, er ist uns in Österreich jedoch so lieb, dass wir Zungenbrecher daraus basteln. Vollgestopft mit Vitaminen, Mineralstoffen und Pektin für die Verdauung, werden die Zwetschken jedes Jahr sehnlichst erwartet. Für mich sind sie Kindheit pur, Zwetschken brocken bei der Oma war ein jährliches Ritual, gekrönt wurde das Erlebnis mit der Mutprobe, die ganze Frucht – Wurm hin oder her – in den Mund zu nehmen. Heute erinnert mich das Obst daran, dass die Tage kürzer werden und die Sommersonnenstunden ausgenützt werden wollen.

„In den Zwetschkenröster kommt keine Flüssigkeit, die Früchte garen sozusagen im eigenen Saft, im Gegensatz zum Kompott", meint eine junge Dame, die sich gleich zwei Kilo von Erol einpacken lässt. „Ich bekomme heute Zwetschkenknödel!", erzählt uns ein kleines Mädchen, und die dazugehörige Oma sagt: „Natürlich mit Erdäpfelteig, Topfenteig passt nur zu Marillen." „Ein Zwetschkenfleck muss es sein, aus buttrigem Germteig!", ruft da ein junger Mann. „Mit Zimtstreuseln obendrauf", meint er noch, bevor er mit seinem Rad davonflitzt. „Zwetschkendatschi", denke ich verträumt, alljährliches Jausenessen beim Geburtstag der Münchner Omi, wie gern denke ich daran zurück. Auch der zimtig-schokoladige Zwetschkenkuchen meiner Freundin Mimi, serviert mit frisch geschlagenem Schlagobers, den wir jedes Jahr zur selben Zeit am See verspeisen, gehört für mich zum Spätsommer wie später im Jahr der Zwetschkenkrampus zum Nikolo.

Zu Hause habe ich Lust, den Zwetschken einen modernen Rahmen zu geben, vielleicht asiatisch, um den Kindern Freude zu bereiten? Da darf Sojasauce und Chinese Five Spice nicht fehlen. Und während ich gedankenverloren die Korianderblättchen von den Stängeln zupfe, sage ich zum Liebsten: „Jetzt müssen wir uns nur überlegen, ob wir ein dünn aufgeschnittenes Schweinsfilet oder lieber einen Schaffrischkäse dazu essen." Da meint er trocken: „Also mir ist das eigentlich powidl!"

50 g Kristallzucker
100 g Apfelsaft
¼ TL Salz
2 TL Sojasauce
1 Prise Chinese Five Spice
(Gewürzmischung aus Fenchel,
Szechuanpfeffer, Nelken, Sternanis und Zimt)
1 Prise Cayennepfeffer
300 g Zwetschken, halbiert und entsteint
frisch gemahlener Pfeffer
Korianderblättchen

Nach Lust und Laune

frisches Brot
1 Schafkäserolle

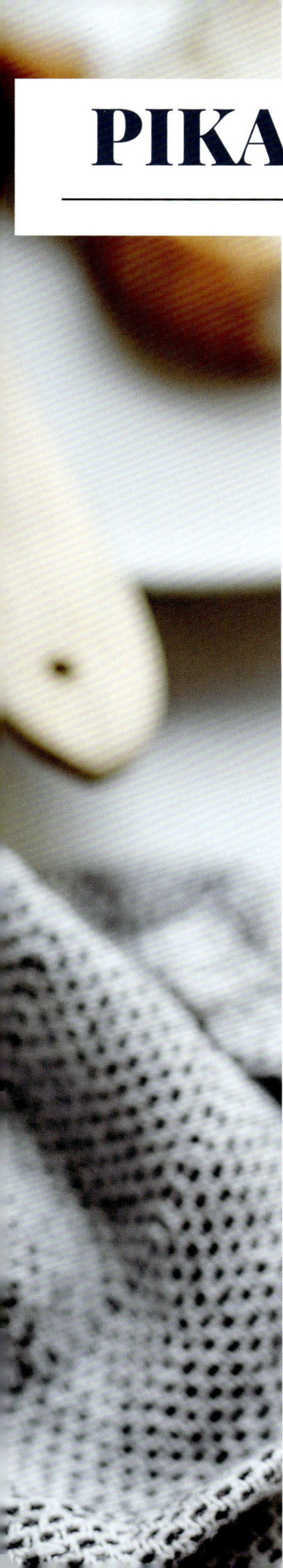

PIKANTE ZWETSCHKEN

Eingelegte Zwetschken sind in meiner Küche der Renner des Herbstes geworden.

Ich interpretiere sie süß, würze sie mit Zimt und einer Zacke Sternanis und kombiniere sie mit Vanilleeis, ofenwarmen Madeleines oder knusprigen Keksen. In der salzigen Variante kommen sie – wie hier im Rezept – mit Käse oder zartem Schweinefilet auf den Tisch und begeistern alle mit ihren exotischen Gewürzen.

Besonders wichtig ist der frische Koriander, der mit seinem leicht scharfen Geschmack so vortrefflich zur asiatischen Küche passt.

Den Zucker in einem kleinen Topf zu goldbraunem Karamell schmelzen, dabei nicht rühren, sondern den Topf schwenken, damit der gesamte Zucker schmilzt. Mit dem Apfelsaft aufgießen (Achtung, Spritzgefahr!) und köcheln lassen, bis sich der Karamell vom Boden löst.

Dann mit dem Salz, der Sojasauce, dem Chinese Five Spice und dem Cayennepfeffer würzen und die Zwetschken in den Sud legen. Sanft köcheln lassen, bis die Zwetschken weich sind, dann im Sud abkühlen lassen. Die Zwetschken halten sich im Kühlschrank maximal 3 Tage.

Die Zwetschken in Schüsseln anrichten, mit frisch gemahlenem Pfeffer bestreuen und mit Korianderblättchen belegen. Nach Lust und Laune frisches Brot und Schafkäse dazu reichen.

ZWETSCHKEN-FEIGEN-CHUTNEY

150 g Kristallzucker
½ kleine rote Zwiebel, geschält und in sehr kleine Würfel geschnitten
50 g Weißweinessig
400 g Zwetschken, entsteint und in Würfel geschnitten
5 Feigen (ca. 200 g), in Würfel geschnitten
1 Sternanis
5 Pimentkörner
1 TL Senfkörner

Nach Lust und Laune

Käse
Brot
Sprossen

Den Zucker in einem kleinen Topf zu goldbraunem Karamell schmelzen, dabei nicht rühren, sondern den Topf schwenken, damit der gesamte Zucker schmilzt. Die Zwiebelwürfel in den heißen Karamell streuen, ca. 1 Minute ohne zu rühren rösten, dann mit dem Essig ablöschen und ca. 3 Minuten verkochen lassen.

Nun die Zwetschken und die Feigen, den Sternanis und die Pimentkörner zum Karamellsud geben und ca. 5 Minuten auf hoher Flamme kochen lassen. Jetzt auch die Senfkörner hinzugeben und weitere 10 Minuten kochen lassen, bis die Senfkörner aufgequollen sind und die Flüssigkeit fast verdampft ist.

Das Chutney vom Herd ziehen und mithilfe eines Marmeladetrichters fast randvoll in saubere (sterilisierte) Gläser füllen. Die Gläser sofort verschließen und umdrehen, damit sich ein Vakuum bildet und keine Bakterien entstehen können. So hält es sich bis zu 3 Monate.

Das Chutney am besten einige Tage durchziehen lassen. Nach Lust und Laune mit Käse, Brot und Sprossen servieren.

Es ist immer ein spannender Moment, wenn mein Fototeam die Fotos meiner Rezepte aus den schönen Bergen Salzburgs, wo diese talentierten jungen Frauen zu Hause sind, schickt.

Ich liebe es, mit ihnen herumzutüfteln, wie wir die Speisen und die Zutaten am besten in Szene setzen können, und manchmal braucht es ein paar Anläufe, bis wir alle drei rundum zufrieden sind.

Nicht so bei diesem Foto – es war bereits beim ersten Versuch einfach perfekt. Wenn arbeiten doch immer so viel Spaß machen würde!

Für eine Tarteform mit herausnehmbarem Boden von 24 cm ø

Teig

1 Bio-Ei
1 Dotter von einem Bio-Ei
2 EL kaltes Wasser
200 g glattes Mehl Type W480
plus Mehl für die Arbeitsfläche
50 g geriebene Mandeln
1 Prise Salz
1 EL Kakao
½ TL gemahlener Zimt
½ TL Backpulver
1 TL fein abgeriebene Bio-Zitronenschale
130 g Staubzucker
1 EL Vanillezucker
100 g kalte Butter, in kleine Stücke geschnitten, plus Butter für die Form

Fülle

600 g Zwetschken, entsteint und geviertelt
120 g Kristallzucker
1 Zimtstange
2 TL Speisestärke

Belag

3 EL geriebene Mandeln
ca. 12 Zwetschken, entsteint und geviertelt

Schlagobers zum Servieren

MIMIS ZWETSCHKENKUCHEN

Für den **Teig** das Ei mit dem Dotter und dem Wasser versprudeln. Das Mehl mit den Mandeln, dem Salz, dem Kakao, dem Zimt, dem Backpulver, der Zitronenschale und den beiden Zuckersorten in einer Schüssel vermischen. Die Butter mit den Knethaken des Mixers in die Mehlmischung rühren, bis die Butterstücke erbsengroß sind.

Dann die Dottermischung dazugeben und rühren, bis sich alle Zutaten zu einem glatten Teig zusammenfügen. (Alternativ alle Zutaten nicht zu lang von Hand kneten, bis sie sich verbinden.) Zu einer Scheibe formen, in Frischhaltefolie wickeln und mindestens 2 Stunden oder über Nacht im Kühlschrank rasten lassen (der Teig hält sich bis zu 3 Tage im Kühlschrank oder ca. 1 Monat im Tiefkühler, gut auch in der Form).

Für die **Fülle** die Zwetschken mit dem Zucker und dem Zimt in einem Topf auf kleiner Flamme verrühren, bis sie beginnen, Saft zu lassen. Nun die Temperatur erhöhen und die Zwetschken ca. 3 Minuten sanft köcheln lassen, bis sie weich sind. Anschließend vorsichtig in ein Sieb gießen, dabei den Saft auffangen und diesen wieder in den Topf geben. Den Saft mit der Speisestärke versprudeln und bei mittlerer Hitze 2 Minuten köcheln lassen, bis die Masse ein wenig eindickt. Mit den gekochten Zwetschken vermischen und auskühlen lassen.

Den Teig 10 Minuten vor der Weiterverarbeitung aus dem Kühlschrank nehmen. Das Backrohr auf 180 °C Ober-/Unterhitze vorheizen. Die Tarteform mit Butter einfetten. Den Teig auf einer bemehlten Arbeitsfläche mit dem Nudelholz ca. 4 mm dick ausrollen. Dann um das Nudelholz wickeln und über der Tarteform wieder abrollen. Glatt auf den Boden der Form legen, dann am unteren Ende der Form beginnend gleichmäßig mit leichtem Druck an den Rand legen, damit keine Hohlräume entstehen.

Den Teig entlang des oberen Randes der Form mit einem kleinen scharfen Messer sauber abschneiden. (Falls der Teig zu weich zum Verarbeiten wird, im Tiefkühler oder Kühlschrank wieder fest werden lassen.) Die Teigreste in ½ cm große Stücke zupfen, auf ein mit Backpapier ausgelegtes Brett legen und im Kühlschrank rasten lassen.

Für den **Belag** die geriebenen Mandeln auf den vorbereiteten Tarteboden streuen. Die gekochten Zwetschken in die Tarteform gießen und mit den rohen Zwetschken dekorativ belegen. Die Tarte ca. 40 Minuten backen, bis die Zwetschken weich sind und die Masse ein wenig blubbert. Aus dem Backrohr nehmen und 5 Minuten ruhen lassen, dann auf eine Dose oder Ähnliches setzen, damit sich der Ring lösen und die Tarte aus der Form gehoben werden kann. Anschließend lauwarm abkühlen lassen. Die Teigreste mit dem Backpapier auf ein Backblech legen und im Rohr ca. 8 Minuten knusprig braun backen. Anschließend auf die Tarte legen.

Den Zwetschkenkuchen mit halbfest geschlagenem Schlagobers servieren.

Dieser Zwetschkenkuchen ist meiner lieben Freundin Mimi gewidmet, die immer, wenn wir im August an den See kommen, einen frisch gebackenen Kuchen auf den wundervoll geschmückten Tisch stellt.

Wie ich es liebe, durch die Tür zu treten und den zimtigen Duft aus der Küche zu riechen! Beim Tischdecken erzählen wir uns unsere Ferienerlebnisse, während der Rest der Gesellschaft lachend und plaudernd – pitschnass vom Schwimmen – über die Wiese zum Haus kommt.

Und wenn ich dann ein Stück vom lauwarmen Kuchen esse, saftig, süß und knusprig zugleich, dann weiß ich, wie Sommerglück schmeckt.

ZWETSCHKENKNÖDEL

Weil ich durch die Marillen entdeckt habe, wie schön das Knödelmachen ist, gibt es noch ein Knödelrezept.

Diesmal mit dem Erdäpfelteig meiner Mutter, den ich ganz besonders liebe, weil er sich so mollig an den Gaumen schmiegt. Die Früchte wurden in der Küche meiner Kindheit nicht entsteint, daher spare auch ich mir diesen Schritt. Ob mit oder ohne Stein bleibt aber letztendlich euch überlassen.

Ich mische ein wenig Zimt in die Brösel, denn dieser ist der Traumpartner der herbstlichen Zwetschke, dann kommt nicht zu wenig Staubzucker darauf – wer kann da schon widerstehen?

Für die **Knödel** die Erdäpfel kochen, schälen und auskühlen lassen. 500 g abwiegen und durch die Erdäpfelpresse in eine große Schüssel drücken. Das Mehl, die Dotter, die Butter und 1 Prise Salz dazugeben und den Teig von Hand durchkneten (bei Bedarf Einweghandschuhe anziehen).

Den Knödelteig auf einem Brett zu einer Rolle formen, dafür die Hände bei Bedarf sehr leicht bemehlen. Teig in 10–14 Stücke (je nach Anzahl der Zwetschken) schneiden, diese in der Hand flach drücken und um die Zwetschken hüllen. Die Naht jeweils festdrücken und den gefüllten Teig mit beiden Händen zu Kugeln formen.

Wasser in einem großen Topf zum Kochen bringen und mit 1 Prise Salz versehen. Dann die Temperatur reduzieren und die Knödel einlegen. Wenn sie auf den Boden gesunken sind, mit einem Kochlöffel ganz zart anstupsen, damit sie sich nicht anlegen. Nun die Knödel vorsichtig köcheln bzw. ziehen lassen, es sollten nur sehr kleine Bläschen im Wasser zu sehen sein. Nach ca. 15 Minuten steigen die Knödel nach und nach auf und sind fertig.

Für die **Brösel** in der Zwischenzeit die Butter in einer großen Pfanne bei mittlerer Hitze zergehen lassen, dann die Semmelbrösel untermischen und langsam schön braun und knusprig rösten, dabei stetig umrühren, damit die Brösel vor allem in der Mitte der Pfanne nicht verbrennen. Am Schluss den Zucker und den Zimt untermischen und beiseitestellen.

Die Zwetschkenknödel mit einem Siebschöpfer aus dem Wasser fischen und abtropfen lassen, in den Bröseln wenden, auf Tellern anrichten und bezuckern.

Knödel

600 g Püree-Erdäpfel
(benötigt werden 500 g gegarte Erdäpfel)
120 g griffiges Mehl Type W480
plus Mehl zum Verarbeiten
2 Dotter von kleinen Bio-Eiern
40 g weiche Butter
Salz
10–14 Zwetschken (je nach Größe), nach Wunsch entsteint
Staubzucker zum Bestreuen

Brösel

80 g Butter
250 g Semmelbrösel
2 EL Kristallzucker
gemahlener Zimt nach Geschmack

BIRNE

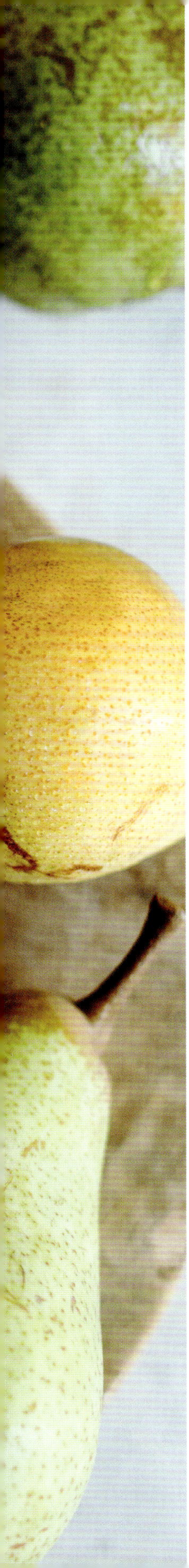

MARKTGESCHICHTEN

Es ist später Nachmittag, als ich an einem blitzblauen Oktobertag über den Markt ins Café spaziere. Beim Bauernstand bleibe ich stehen, um die vielen verschiedenen Birnensorten zu bewundern. „Die Sorte Conference stammt aus England und hat ein süßes Aroma, die gute Luise ist eine Französin, sie kommt ursprünglich aus der Normandie. Sie ist ein kulinarischer Alleskönner, wir können sie roh essen, backen und auch trocknen. Die Williams Christ hat einen muskatartigen Duft, ich liebe sie besonders roh, aber als Schnaps ist sie auch nicht zu verachten!", lacht mich die Standlerin an, während sie einen Korb gelber Zwiebeln schält.

Die ersten Birnen kamen aus dem Kaukasus ins Europa des Altertums und spielten auf antiken Märkten eine wichtige Rolle. Im alten Griechenland war die Birne der Göttin Hera geweiht und viele Jahre später glaubten auch die Germanen, dass der Birnbaum der Sitz der Götter sei. Bei uns in Österreich kennen wir die schneeweiße Birnenblütenpracht des Mostviertels – Monate später genießen wir genau dort Birnenmost und Birnensekt.

Am Marktstand ist das Gespräch noch immer in vollem Gange. „Birnen haben einen geringeren Säuregehalt als Äpfel und sind so auch für Babys leichter verdaulich", erklärt mir eine Dame mit grauen kurzen Haaren, die mich über ihren moosgrünen Brillenrand ansieht. „Aber wir sollen ja Äpfel und Birnen nicht vergleichen!", schmunzelt sie. „Ich finde, Birnen schmecken so raffiniert", erzählt uns eine junge Frau, die einen wunderschönen Strauß Sonnenblumen im Arm hält. „Ich esse sie am liebsten roh im Salat, kombiniert mit bitterem Radicchio, mildem Pecorino und den herrlichen frischen Walnüssen, die es jetzt auch am Markt gibt." „Dazu ein Glas Sturm!", lacht da ein junger Mann mit rotem, lockigem Vollbart. Dann sagt er: „Ich liebe die Birnen mit Geflügel geschmort – ein Rebhuhn wäre herrlich – dazu Thymian, Wacholderbeeren und knuspriger Speck, mhmm, das ist richtig gut!"

Mir knurrt der Magen, als ich ins Café gehe, um diese Inspirationen der Birne mit Daniel zu teilen. „Eine Zeller-Birnen-Suppe wär doch gut, und die Woche drauf könnten wir einen Berglinsensalat machen, mit cremigem Gorgonzola und Rotweinbirnen", schwärmt mir unser Koch von seinen Ideen vor. „Und den saftigen Birnenkuchen mit Haselnüssen könnt ihr auch wieder backen, den lieb ich so!", ruft eine Dame, die am Nebentisch sitzt.

Die Tage werden merklich kürzer; zu Hause wird es schon dämmerig, als ich die Birnen schäle – da steckt der Liebste seinen Kopf bei der Küchentür herein. „Am Wochenende nützen wir das schöne Wetter und gehen wandern", versucht er mich ob meiner leisen Herbstmelancholie aufzumuntern. „Recht hat er", denke ich mir. „Und außerdem freu ich mich jetzt schon auf die getrockneten Birnen, dann kann ich endlich wieder Kletzenbrot backen."

Und auch in diesem Buch gibt es eine herzhafte Crostata! Wieder bin ich besonders stolz auf meine Kreation: der knusprige Teig, mit ganzen Fenchelsamen verfeinert, die cremig-pikante Fülle, die fruchtig-pfeffrigen Birnen – hmmmm.

Noch dazu ist der Aufwand überraschend gering, der Teig wartet im Kühlschrank auf seinen Einsatz – und dann ist die Crostata im Handumdrehen fertig. Staunende Bewunderung der Gäste garantiert.

CROSTATA
mit Ziegenkäse und Birnen

Teig

1 Dotter von einem Bio-Ei
75 g kaltes Wasser
180 g glattes Mehl Type W480
plus Mehl für die Arbeitsfläche
½ TL Salz
110 g sehr kalte Butter, in kleine Stücke geschnitten
60 g frisch geriebener Parmesan
1 TL Fenchelsamen

Belag

150 g zimmerwarmer Ziegenfrischkäse
(so ist er leichter zu verstreichen)
1 Dotter von einem kleinen Bio-Ei
1 EL Milch
4–5 Birnen, entkernt und in dünne Scheiben geschnitten
2 kleine Feigen, in Achtel geschnitten
2 EL zerlassene Butter zum Bestreichen

2 EL flüssiger Honig zum Beträufeln
frisch gemahlener Pfeffer zum Bestreuen
Thymianblättchen zum Bestreuen

Für den **Teig** den Dotter mit dem Wasser versprudeln. Das Mehl und das Salz in einer Schüssel vermischen. Die Butter mit den Knethaken des Mixers in die Mehlmischung rühren, bis die Butterstücke erbsengroß sind. Dann die Dottermischung, den Parmesan und die Fenchelsamen dazugeben und nur so lange kneten, bis sich alle Zutaten zu einem glatten Teig zusammenfügen. (Alternativ alle Zutaten nicht zu lang von Hand kneten, bis sie sich verbinden.) Zu 2 Scheiben formen, in Frischhaltefolie wickeln und mindestens 2 Stunden oder über Nacht im Kühlschrank rasten lassen.

Eine Teigscheibe 10 Minuten vor der Weiterverarbeitung aus dem Kühlschrank nehmen. (Die andere Hälfte im Tiefkühler lagern und für die nächste – dann blitzschnell hergestellte – Crostata verwenden.) Das Backrohr auf 190 °C Ober-/Unterhitze vorheizen. Den Teig auf einer bemehlten Arbeitsfläche ca. 4 mm dick länglich ausrollen und auf ein mit Backpapier ausgelegtes Blech legen.

Für den **Belag** den Ziegenfrischkäse mit dem Dotter und der Milch verrühren. Den Teigboden damit bestreichen, mit den Birnen und Feigen belegen und diese mit der Butter bestreichen. Die Crostata 35–45 Minuten auf der mittleren Schiene backen, bis der Teig goldbraun ist und die Birnen und Feigen sehr weich sind.

Die Crostata aus dem Rohr nehmen, mit Honig beträufeln und mit Pfeffer und Thymianblättchen bestreuen.

Für eine längliche Kuchenform
von 33 x 13 cm Größe

150 g weiche Butter
plus 30 g zerlassene Butter für die Form
40 g brauner Zucker
3 zimmerwarme Bio-Eier (bei Bedarf in warmes Wasser legen), getrennt
1 Prise Salz
1 EL Vanillezucker
120 g Staubzucker
40 g Sauerrahm
150 g glattes Mehl Type W480
1 TL Backpulver
3–4 Birnen, geschält, entkernt und halbiert
Schlagobers zum Servieren

ÜBER-DRÜBER-BIRNENKUCHEN

Das ist meine Übersetzung eines waschechten amerikanischen „Upside Down"-Kuchens. Praktisch, wie Amerikaner nun mal sind, überlegen sie sich nicht Backtechniken, damit die Früchte nicht versinken. Nein, sie drehen den Kuchen einfach um und backen den Teig auf dem Obst. So werden alle Birnen wunderschön in Szene gesetzt.
Geschmacklich profitieren die Früchte natürlich auch vom zarten Karamell, in dem sie gebacken werden, der Kuchenteig ist wunderbar fluffig, kurzum: "It's the best thing since sliced bread!"

Das Backrohr auf 180 °C Ober-/Unterhitze vorheizen. Die zerlassene Butter in der Kuchenform verteilen, dabei auch die Seiten mit einem Pinsel einfetten. Den braunen Zucker gleichmäßig auf den Boden der Form streuen.

Die Eiklar mit dem Salz mit den Quirlen des Mixers zu steifem Schnee schlagen. Die Butter mit dem Vanille- und Staubzucker mit den Quirlen des Mixers sehr schaumig rühren. Dann nach und nach die Dotter unterrühren, zwischen der Zugabe der Dotter jeweils mindestens 1 Minute rühren. Nun auch den Sauerrahm untermengen. Das Mehl mit dem Backpulver versieben. Ein Drittel der Mehlmischung zur Buttermischung geben, mit einem Spatel vermengen, dann ein Drittel des Schnees unterheben. Auf diese Weise fortfahren, bis alles eingearbeitet ist.

Die Birnen dekorativ auf dem Butter-Zucker-Gemisch in der Kuchenform verteilen, dann den Kuchenteig daraufgeben. 45–55 Minuten auf der mittleren Schiene im Rohr backen, bis ein in die Mitte gestecktes Holzstäbchen trocken herausgezogen werden kann. Nach 30 Minuten bei Bedarf mit Alufolie abdecken, damit der Kuchen nicht zu stark bräunt.

Aus dem Rohr nehmen, den gewölbten oberen Teil gegebenenfalls begradigen und den Kuchen sofort auf eine längliche Platte stürzen (wenn der Zucker am Boden der Form auskühlt, wird er fest und bleibt in der Form kleben). Am besten lauwarm mit halbfest geschlagenem Schlagobers servieren.

Tipp

Die Birnen erst ganz knapp vor dem Backen schälen, damit sie sich nicht verfärben.

KNUSPERBIRNEN
mit Preiselbeerschlagobers

Schlagobers

50 g Preiselbeeren
30 g Zucker
200 g Schlagobers

Birnen

10 g brauner Zucker
1 TL frisch geriebener Ingwer
30 g Butter
4 große Birnen, geschält, halbiert und entkernt

Streusel

100 g glattes Mehl Type W480
80 g kalte Butter, in kleine Stücke geschnitten
80 g brauner Zucker
1 Prise gemahlener Kardamom

Für das **Schlagobers** die Preiselbeeren mit dem Zucker in einem kleinen Topf verrühren und auf kleinster Flamme erwärmen, bis die Früchte Saft lassen. Dann auf hoher Flamme ca. 3 Minuten kochen lassen, vom Herd ziehen und auskühlen lassen. (Alternativ können auch 2–3 EL Preiselbeeren aus dem Glas verwendet werden.)

Für die **Birnen** den Zucker mit dem Ingwer zwischen den Fingern zerreiben. Die Butter in einer ofenfesten Pfanne auf mittlerer Hitze zerlassen und die Birnen hineinlegen. Mit dem Ingwerzucker bestreuen und auf jeder Seite kurz anbraten. Vom Herd ziehen und auskühlen lassen. Das Backrohr auf 180 °C Ober-/Unterhitze vorheizen.

Für die **Streusel** alle Zutaten mit den Fingern verbröseln.

Die Birnen mit der Schnittseite nach oben drehen und mit den Streuseln bestreuen. 25–35 Minuten backen, bis die Streusel goldbraun und die Birnen weich sind.

Das Schlagobers steif schlagen und die Preiselbeeren unterziehen. Die Birnen lauwarm mit dem Preiselbeerschlagobers servieren.

Kennt ihr den Moment, in dem ihr am Markt frische Preiselbeeren entdeckt?

Bei mir kommt sofort der Impuls, die kurze Saison auszunützen und Preiselbeeren einzukochen. Aber dann sagt eine Stimme in meinem Kopf, dass sich der Aufwand für die seltenen Male, die ich mittlerweile Fleisch koche, gar nicht auszahle …

Hier nun die Rettung aus diesem Dilemma: einfach ein wenig Kompott kochen und ins Schlagobers rühren, zum Joghurt essen, über Vanilleeis servieren – die Möglichkeiten sind endlos.

BIRNE HELENE
mit Madeleines

Birnen

500 g Wasser
80 g Kristallzucker
1 Prise gemahlener Kardamom
1 Zacke Sternanis
1 kleine Zimtstange
½ Bio-Zitrone
4 Birnen, geschält, den Stängel an der Frucht belassen, das untere Ende leicht begradigt (damit die Birne später auf dem Teller stehen kann)

Ganache

80 g Kuvertüre (mindestens 40 % Kakaobuttergehalt)
10 g Honig
120 g Schlagobers
20 g weiche Butter

Madeleines

2 große Bio-Eier
100 g Kristallzucker
5 g Honig
100 g glattes Mehl Type W480
plus Mehl für die Formen
½ TL Backpulver
120 g Butter plus Butter für die Formen
Staubzucker zum Bestreuen

Vanilleeis zum Servieren

Für die **Birnen** das Wasser mit dem Zucker, den Gewürzen, dem Saft der halben Zitrone sowie der ausgepressten Zitronenhälfte aufkochen, die Temperatur reduzieren, die Birnen einlegen und sanft bissfest kochen. Im Sud auskühlen lassen.

Für die **Ganache** die Kuvertüre in einer Metallschüssel über einem Wasserbad unter Rühren schmelzen. Dabei darauf achten, dass der Schüsselboden nicht mit dem Wasser in Berührung kommt, sondern nur über dem Dampf steht. Von der Hitze nehmen und den Honig unterrühren. Das Schlagobers erhitzen, bis sich am Rand Bläschen bilden. Über die Schokoladenmischung gießen, die Butter dazugeben, kurz verrühren und 5 Minuten stehen lassen. Dann von der Mitte ausgehend in kreisenden Bewegungen rühren, bis die Masse zu glänzen beginnt und sich alles verbindet. (Die Ganache kann sehr gut vorbereitet werden, im Kühlschrank ist sie bis zu 1 Woche haltbar. Bei Bedarf vor der Verwendung über dem Wasserbad sanft wieder erwärmen.)

Für die **Madeleines** die Eier mit dem Zucker und dem Honig mit den Quirlen des Handmixers schaumig rühren. Das Mehl mit dem Backpulver versieben und nur kurz unterrühren, bis sich der Teig verbindet. Den Teig 1 Stunde bei Zimmertemperatur oder über Nacht im Kühlschrank rasten lassen.

Das Backrohr auf 180 °C Ober-/Unterhitze vorheizen. Die Butter in einem kleinen Topf bei schwacher Hitze köcheln lassen, bis sich die festen Bestandteile oben als Schaum absetzen, dabei aber darauf achten, dass die Butter nicht bräunt. Die Madeleineformen mit Butter ausstreichen und mit Mehl ausstreuen. 100 g der heißen geklärten Butter durch ein kleines Sieb in den vorbereiteten Teig gießen, dabei mit den Quirlen des Handmixers rühren, die Masse wieder geschmeidig wird. Die Madeleineformen mit der Masse füllen und ca. 10 Minuten goldbraun backen, bis sich das typische „Bäuchlein" zeigt. Lauwarm auskühlen lassen, dann bezuckern.

Die Birnen auf einen Teller setzen, mit der warmen Ganache überziehen und mit Vanilleeis und den Madeleines servieren.

Welch kunstbeflissenes Dessert! Benannt nach der schönen Helena aus Jacques Offenbachs gleichnamiger Oper, ist die „Poire Belle Hélène" einfach nur köstlich!

Und weil's gerade so gut passt, habe ich süße französische Küchlein – Madeleines – dazu kombiniert. Von diesen wiederum hat Marcel Proust in seinem Werk geschwärmt – eine Nascherei, von der Jung und Alt nicht genug bekommen können.

MARKTGESCHICHTEN

KÜRBIS

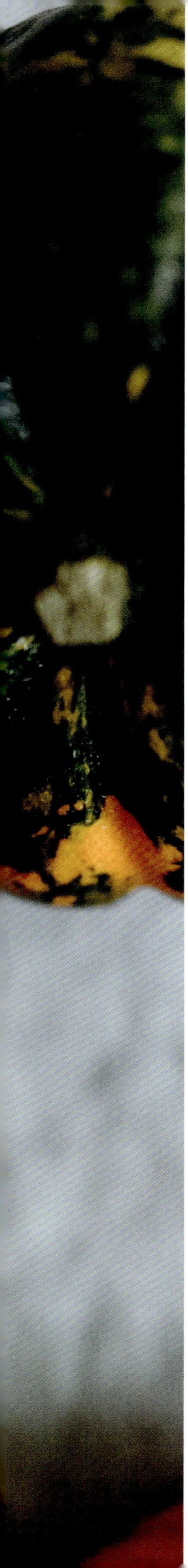

MARKTGESCHICHTEN

Frühmorgens spaziere ich auf meinem Weg ins Café über den Markt, zarte Nebelschleier liegen noch vor der Sonne und der herbstliche Wind wirbelt die bunten Blätter über die Straße. Ich bleibe bei Erol stehen, um ihm einen guten Morgen zu wünschen, als mein Blick auf die verschiedenen Kürbisse fällt, die sorgfältig geordnet in ihren Kisten liegen. „Jede Kürbissorte hat ihren besonderen Reiz", erzählt mir der Marktstandler. „Meine Kunden verwenden den Gartenkürbis wie Zucchini und frittieren ihn in Scheiben geschnitten, der Butternuss ist ein Klassiker, den Hokkaido lieben sie ob seiner leuchtenden Farbe und der praktischen Größe. Mein Liebling aber ist der Muskatkürbis, er ist besonders aromatisch!"

Ich betrachte die Vielfalt und bin wieder einmal dankbar, dass es bei uns in Österreich alle Jahreszeiten gibt. Wie schön ist der Anblick eines Kürbisfeldes im goldenen Herbstlicht, mit den vielen orangefarbenen Früchten, die wie scheinbar vergessen auf dem Boden liegen. Bis ins 20. Jahrhundert vor allem als Viehfutter verwendet, wird der Kürbis heute gar als Superfood gehandelt, steckt er doch voller Vitamine, Mineral- und Ballaststoffe. Seinen Kernen werden in der Naturheilkunde sogar heilende Kräfte zugesprochen, herrlich knuspern tun sie außerdem. Das Kürbiskernöl ist eine steirische Spezialität, das mit seinen nussigen Aromen viele Speisen verfeinert.

Am Marktstand erzählt ein bärtiger Mann mit Brille, dass er am Abend gefüllten Kürbis mit Faschiertem für seine Kegelrunde zubereiten will, als mich eine Dame anlächelt: „Also, bei mir muss es nach der Arbeit schnell gehen beim Kochen! Ich schneide den Kürbis einfach in Spalten, ein bisschen Thymian dazu, dann ab ins Backrohr!" Eine andere Dame ruft: „Ja, so mache ich es auch. Aber letztens habe ich den gebackenen Kürbis noch püriert und mit Mehl und Dottern vermischt. Dann habe ich Nockerl abgestochen, garen lassen und mit Salbeibutter vermischt. Ein voller Erfolg!"

Beeindruckt von all dieser Kreativität gehe ich ins Café, um das Wochenmenü mit Daniel zu besprechen. Wir planen ein Kürbisrisotto mit Speck und Maroni, ich kann kaum abwarten, es zu verkosten. Für die darauffolgende Woche schwebt uns ein Kürbis-Chutney mit Apfel und Zwiebel vor, serviert zu einer herzhaften Quiche Lorraine. Zu Hause beim Suppekochen schnipsle ich den Hokkaidokürbis in Würfel und freue mich, dass ich ihn „mit Butz und Stingel" verwenden kann, weil ich die Schale einfach dranlasse. Während der Kürbis mit der Zwiebel friedlich vor sich hinschmurgelt, kommt mir die Idee, wie ich aus der Suppe etwas ganz Besonderes machen kann: Pimentón de la Vera, das spanische geräucherte Paprikapulver, wird zum Star des Abends. Ich rühre es unter das Gemüse und glaube, in einer Räucherkammer zu sein, so intensiv ist das Aroma – jetzt verstehe ich, warum dieser Paprika mit seinen Rauchnoten auch „Speck der Vegetarier" genannt wird.

Während ich zufrieden die Suppe löffle, freue ich mich schon auf unser traditionelles Kürbisschnitzen im Café, wo der Freund meiner Tochter die schönsten Fratzen zaubert, die später im Kerzenlicht über den Markt scheinen. Und wenn dann die Kinder als gruselige Gespenster verkleidet kichernd „Süßes, sonst gibt's Saures!" rufen und sich glücklich ihre Zuckerl abholen, hat der Herbst endgültig Einzug gehalten.

RAUCHIGE KÜRBISSUPPE
mit gerösteten Kürbiskernen

2 EL Olivenöl
2 EL Butter
1 Zwiebel, geschält und in kleine Würfel geschnitten
1 Hokkaidokürbis (ca. 600 g), entkernt und in Würfel geschnitten
Salz
frisch gemahlener Pfeffer
1 TL mildes geräuchertes Paprikapulver (Pimentón de la Vera)
ca. 1 ½ l Gemüsefond
3 Pimentkörner
2 Wacholderbeeren
1 Lorbeerblatt
2 EL Crème fraîche plus Crème fraîche zum Dekorieren
Chilipulver nach Geschmack
Limettensaft nach Geschmack
2 Handvoll Kürbiskerne, in einer Pfanne trocken dunkel geröstet

Nach Lust und Laune

bunter Pfeffer
frische Kräuter

Das Olivenöl mit der Butter in einem Topf erhitzen. Die Zwiebelwürfel darin glasig anschwitzen, dann die Kürbisstücke dazugeben und ebenfalls anschwitzen, bis sie zart karamellisieren. Salzen und pfeffern, dann das Paprikapulver unterrühren und mit so viel Gemüsefond aufgießen, dass das Gemüse bedeckt ist. Piment, Wacholder und Lorbeer dazugeben und so lange kochen, bis der Kürbis ganz weich ist.

Die ganzen Gewürze aus dem Topf fischen, dann die Suppe mit dem Stabmixer pürieren, die Crème fraîche unterrühren und mit Salz, Pfeffer, Chilipulver und Limettensaft abschmecken. Bei Bedarf mit Gemüsefond auf die gewünschte Konsistenz bringen.

Die Suppe mit den Kürbiskernen und der Crème fraîche und nach Lust und Laune mit buntem Pfeffer und frischen Kräutern dekorieren.

Heute ist der Tag der Wahrheit: Meine gesamte Familie ist keine Freundin süßer Gemüsesorten. So überlege ich mir immer, wie ich es hinbekomme, die Süße mit ein wenig Säure oder Schärfe zu bändigen. Im Falle dieser Suppe ist mir das besonders gut gelungen, finde ich.

Hier kommt durch das geräucherte Paprikapulver auch noch die Rauchigkeit hinzu und macht das Ganze vielschichtig – so lass ich mir den Kürbis schmecken.

REISSALAT
mit gebackenem Kürbis

Reissalat
150 g Basmatireis
1 EL Butter
Salz
1 großer Bund Petersil, grob gehackt
1 Bund Dille, Spitzen abgezupft
50 g Mandelblättchen, in einer kleinen Pfanne trocken und sanft geröstet
fein abgeriebene Schale einer Bio-Orange
Kerne eines Granatapfels
¼ kleine rote Zwiebel, geschält und auf der Mandoline oder von Hand hauchdünn geschnitten

Kürbis
1 Hokkaidokürbis, entkernt und in 1 ½ cm breite Spalten geschnitten
2 EL Olivenöl
Salz

Marinade
3 EL Weißweinessig plus etwas Essig bei Bedarf
½ TL gemahlener Zimt
6 EL Olivenöl
1 EL Honig
2 EL frisch gepresster Orangensaft
Salz
frisch gemahlener Pfeffer

Für den **Salat** den Reis so lange kalt abspülen, bis das Wasser klar bleibt. Die Butter in einem Topf zerlassen, den abgetropften Reis dazugeben und durchrühren. Mit 225 g heißem Wasser aufgießen, gut salzen, einmal aufkochen lassen, erneut durchrühren, dann sofort abdecken. Auf eine Herdplatte stellen, die den gleichen Durchmesser wie der Topf hat, jedoch nur ganz leicht aufgedreht ist. 30–40 Minuten garen, währenddessen den Deckel nicht abheben. Wenn es in der Küche nach Reis duftet, ist er fertig. Anschließend auskühlen lassen. (Es ist auch möglich, den Reis bereits am Vortag zu kochen.)

Für den **Kürbis** das Backrohr auf 180 °C Ober-/Unterhitze vorheizen. Die Kürbisspalten auf ein Backblech legen, mit dem Olivenöl benetzen, salzen und auf der obersten Schiene 30–40 Minuten backen, bis sie weich und stellenweise gebräunt sind.

Für die **Marinade** alle Zutaten in ein Marmeladeglas geben, dieses verschließen und gut schütteln, die Marinade anschließend mit Salz abschmecken.

Den Reis mit den Kräutern, den Mandelblättchen, der Orangenschale, den Granatapfelkernen und der Zwiebel vermischen, die Marinade unterheben und alles mit Salz, Pfeffer und bei Bedarf weiterem Essig abschmecken.

Den Salat in Schüsseln verteilen und den gebackenen Kürbis darauf anrichten.

Obwohl ich noch nie dort war, bin ich dem Iran mit dem Herzen verbunden. Schon allein der alte Name Persien klingt märchenhaft, genauso wie die Zutaten, die dort in der Küche verwendet werden. Rosen- und Orangenblütenwasser, Zimt, Nüsse und Trockenfrüchte, dies alles klingt genauso schön wie es schmeckt.

Von dieser herrlichen Küche inspiriert, habe ich das Dressing für den Salat mit Zimt und Orange gewürzt. Die rubinroten, saftigen Früchte des Granatapfels dürfen natürlich nicht fehlen, ist doch Persien die ursprüngliche Heimat dieses Strauches.

Dieses Gericht hab ich nach der letzten Wanderung des Jahres kreiert. Bezaubert von den goldenen Herbstfarben habe ich die warmen Sonnenstrahlen unter dem Gipfelkreuz genossen und dabei zarte Sommerwehmut verspürt.

Am Weg ins Tal lachten mich die allerletzten Hollerbeeren für eine Nachspeise an und beim Bach wurden die hellgrünen Spitzen der Brennnessel und ein wenig Bachbunge für den Salat gepflückt (diese wurde vom Liebsten, da unbekannt, allerdings misstrauisch beäugt).

Beglückt vom Kochen-was-der Küchenschrank-so-hergibt, fiel mir dann auch noch der Hokkaidokürbis am Fensterbrett auf, der bis dahin nur durch herbstliche Schönheit glänzte. So wurde Nudelteig ausgerollt, der Kürbis gebacken und ein Packerl Ziegentopfen vom Bauernmarktbesuch geöffnet.

Und dann habe ich endlich Jamie Olivers Rotolo nachgemacht, von dem mir der Liebste schon seit Monaten vorschwärmt, seit er ein Video davon gesehen hatte. Und das Ergebnis war — „a homemade beauty“!

ROTOLO
mit Ofenkürbis

Für eine längliche Auflaufform von ca. 18 x 26 cm Größe

½ Hokkaidokürbis, entkernt und in fingerlange Spalten geschnitten (ca. 300 g Fruchtfleisch)
3 EL Olivenöl
Salz
frisch gemahlener Pfeffer
1 Knoblauchzehe, ungeschält
2 EL Butter plus Butter zum Bestreichen
2 Handvoll Brennnesselblätter, alternativ Blattspinat
250 g Ziegentopfen, alternativ Ziegenfrischkäse mit Topfen verrührt
1 Dotter von einem Bio-Ei
¼ TL fein abgeriebene Bio-Zitronenschale
2 EL Milch
frische Kräuter wie Oregano oder Thymian

Teig

130 g glattes Mehl Type W480
70 g Hartweizengrieß
plus Hartweizengrieß für die Arbeitsfläche
2 Bio-Eier
1 EL lauwarmes Wasser

Paradeissauce

2 EL Olivenöl
1 Zwiebel, geschält und in kleine Würfel geschnitten
½ Knoblauchzehe, geschält und gerieben
500 g Paradeiser, in Würfel geschnitten, alternativ Dosenparadeiser
Salz
Honig

Das Backrohr auf 180 °C Ober-/Unterhitze vorheizen. Die Kürbisspalten auf ein Backblech legen, mit dem Olivenöl vermengen, salzen und pfeffern und die Knoblauchzehe dazulegen. Ca. 30 Minuten backen, bis der Kürbis weich und stellenweise gebräunt ist. Anschließend auskühlen lassen, in 1 ½ cm große Stücke schneiden und mit ein wenig von dem aus der Zehe gedrückten gebackenen Knoblauch vermengen.

Für den **Teig** das Mehl mit dem Hartweizengrieß in einer großen Schüssel vermischen und eine Mulde hineindrücken. Die Eier mit dem Wasser versprudeln und in die Mulde geben. Dann die Mehlmischung nach und nach von innen nach außen mit einer Gabel unter die Eier mischen, bis eine bröselige Masse entsteht. Ca. 10 Minuten von Hand kneten, bis der Teig glänzend und geschmeidig ist. Anschließend bedecken und 30 Minuten bei Zimmertemperatur rasten lassen.

Für die **Paradeissauce** das Olivenöl in einem Topf mit schwerem Boden erhitzen und die Zwiebelwürfel darin sehr glasig anschwitzen. Sobald sie zu karamellisieren beginnen, den Knoblauch hinzufügen, durchrühren und die Paradeiser in den Topf geben. Salzen, anschließend ca. 30 Minuten kochen lassen, bis der Saft verdunstet ist. Mit Salz und Honig abschmecken.

2 EL Butter in einem kleinen Topf auf mittlerer Hitze köcheln lassen, bis sie zart gebräunt ist. Die Brennnesselblätter darin zusammenfallen lassen.

Den Ziegentopfen mit dem Dotter, der Zitronenschale und der Milch verrühren und mit Salz abschmecken.

Die Arbeitsfläche mit Hartweizengrieß bestreuen. Den Teig halbieren und eine Hälfte mit dem Nudelwalker länglich (ca. 18 x 25 cm groß) so dünn ausrollen, dass der Teig fast durchsichtig ist. Wenn nötig, mit Grieß bestreuen, damit er nicht klebt. Das Teigrechteck mit der Hälfte der Ziegentopfencreme bestreichen, mit der Hälfte der Kürbisstücke und der Hälfte der Brennnesselblätter belegen und mit frischen Kräutern bestreuen. Aufrollen und in ca. 4 cm breite Schnecken schneiden. Mit der zweiten Hälfte des Teiges und der übrigen Fülle ebenso verfahren.

Die Paradeissauce in die Auflaufform gießen und die Pastaschnecken mit den Schnittflächen nach oben zeigend hineinsetzen. Mit zerlassener Butter bestreichen und ca. 30 Minuten im wieder auf 180 °C aufgeheizten Rohr backen. Herausnehmen, mit frischen Kräutern bestreuen und servieren.

SCHWARZ
www.bachmann-lachs.at
KOCHKÄSE

METTLER TOLEDO
FRUITS

QUITTE

Ein kühler Wind weht mir ins Gesicht, als ich an diesem Novembermorgen über den Markt eile. Ich bleibe bei Erol stehen, mein Blick fällt auf eine Kiste voller goldgelber Quitten. „Das sind schöne reife Apfelquitten, riech mal, wie sie duften!", ruft er mir zu. Ich stecke meine Nase in die Früchte und bin verzaubert von ihrem blumigen Aroma. Ich habe die Quitte, dieses vergessene Obst, vor einigen Jahren im Nachbargarten kennengelernt. Beim herbstlichen Hundespaziergang ist mir der Baum aufgefallen, der über und über mit den gelben Früchten behängt war. So bin ich mit der Nachbarin ins Gespräch gekommen, sie hat mir von den Quitten erzählt und mir gleich ein paar Exemplare zum Mitnehmen angeboten. Gesagt, getan, die Quitten wurden gebrockt, vom Flaum befreit, mit Kraft geschnitten und mit Gewürzen und Zitronensaft pochiert.

Nur der Liebste, damals oft beruflich in der Türkei unterwegs, machte mir einen Strich durch die Rechnung. „Nicht so gut wie in der Türkei", war das Urteil. Bis ich eines Abends die Quitten vergaß und den Topf erst kurz vor dem Zubettgehen aus dem Backrohr holte. Da war die Metamorphose geschehen – die unscheinbaren, blassen, holzigen Früchte hatten sich in purpurfarbene, duftende Köstlichkeiten verwandelt. Nun verstand ich auch, warum die Quitte die Frucht der Göttin Aphrodite ist – nicht nur ihre üppigen Kurven, sondern auch ihr Duft symbolisiert seit der Antike Liebe, Fruchtbarkeit und Glück. Ihren Ursprung hat die Quitte im Kaukasus, die Römer lernten sie bei den Griechen kennen und brachten sie über die Alpen zu uns.

„Ah, es gibt Quitten! Da ist der Winter nicht mehr weit!", ruft eine ältere Dame am Marktstand. „Gerade richtig für das Quittenrotkraut zum Martinigansl. Und Quittenkäse kann ich heute auch gleich machen." „Ich möchte einen Lammtopf mit Quitten kochen, mit Zimt und Safran, den habe ich im Urlaub in Marokko gegessen", schmunzelt ein junger Mann, dessen Pullman-Kapperl ihm ein verwegenes Aussehen gibt.

Das werde ich Daniel vorschlagen. Der hat noch eine Idee: Ein Herbstsalat mit pochierten Quitten, Ziegenkäse und Gewürz-Haselnüssen. Während ich die Quitten zu Hause in Stücke schneide, denke ich daran, dass diese Frucht für mich Mußestunden an Herbstabenden symbolisiert. Ich stelle die Quitten ins Backrohr und habe nichts anderes zu tun, als Kerzen anzuzünden und mich mit dem Lieblingsbuch aufs Sofa zu setzen. Am nächsten Tag koche ich die Marmelade, die mir von nun an mein Frühstücksbutterbrot versüßt, die ersten Geschenke für meine Freundinnen sind so auch schon fertig. Ein Gläschen Marmelade darf bis Weihnachten durchziehen – serviert wird sie bei uns traditionell zum selbst gemachten Hühnerleberaufstrich. „Apropos Martinigansl", sagt der Jüngste im Café zu mir, „aus dem Quittensirup könnten wir doch mit Prosecco, Eiswürfeln, Soda und ein bisschen Zitrone einen herbstlichen Aperitif kredenzen!" Eine tolle Idee, die gleich ausprobiert wird.

QUITTENMARMELADE

Grundrezept für geschmorte Quitten

1 Bio-Zitrone
150 g Kristallzucker
1 Zimtstange
1 Sternanis
4 Kardamomkapseln, im Mörser angedrückt
4 große Quitten (ca. 1,3 kg), die Schale mit einem Tuch abgerieben

Marmelade

Gelierzucker 1:1 (70 % des Gewichtes der geschmorten Quitten)
Saft einer Zitrone

Für das **Grundrezept** das Backrohr auf 180 °C Ober-/Unterhitze vorheizen. In einem breiten, flachen Topf 1 ½ l Wasser aufkochen, den Saft der Zitrone hineinpressen und auch die ausgepressten Schalenhälften hineingeben. Nun den Zucker und die Gewürze hinzufügen.

Die Quitten längs halbieren, dann das Kerngehäuse herausschneiden, die Früchte noch einmal längs durchschneiden und mit den Schnittflächen nach unten in das gewürzte Wasser legen. Den Topf ins Rohr stellen und die Quitten 3 Stunden schmoren lassen. Im ausgeschalteten Backrohr, am besten über Nacht, auskühlen lassen.

Für die **Marmelade** die ausgekühlten Quittenstücke aus dem Sud heben und in einem zweiten Topf abwiegen. 70 % des Gesamtgewichts an Gelierzucker und den Zitronensaft hinzufügen. 3 Minuten kochen lassen, anschließend pürieren und in saubere (sterilisierte) Gläser abfüllen. Die Gläser sofort verschließen und umdrehen, damit sich ein Vakuum bildet und keine Bakterien entstehen können. Die Marmelade ist mindestens 3 Monate haltbar.

Und dann kommt im Herbst der Zeitpunkt, an dem die letzten müden Zwetschken zu Marmelade verkocht werden.

Zum Glück hat Mutter Natur es so eingerichtet, dass wir nicht auf frische Marmelade als Frühstücksbegleiterin verzichten müssen, denn nach den Zwetschken sind die Quitten reif. Ihre Marmelade ist für mich etwas ganz Besonderes, weil ich sie so gerne als Begleiterin zu Käse esse, bei Einladungen verputzen meine Freundinnen gerne ein ganzes Glas auf einmal.

So neigt sich mein Marmeladenjahr mit diesen wunderschönen Früchten dem Ende zu – bis im Jänner der Reigen mit den Orangen neu beginnt.

QUITTE

Ich habe es ja schon an anderer Stelle erwähnt: Mein Fototeam macht mit Sicherheit die allerschönsten Fotos! Beim Kochbuchschreiben fiel mir eines davon in die Hände: eine rechteckige, pikante Galette.

Davon inspiriert holte ich einen Topfenblätterteig aus dem Tiefkühler, bestrich ihn mit Crème fraîche und backte den Hokkaidokürbis, der eigentlich als Herbstdeko vor der Haustür lag. Dann besann ich mich der geschmorten Quitten, die aufs Marmeladekochen warteten, und vermählte sie mit den vorgebackenen Kürbisspalten.

Beim Käsekauf erspähte ich Manchego, der so gut zu Membrillo, dem spanischen Quittenkäse passt.
Und der Rest ist Geschichte …

HERBSTLICHE GALETTE
mit Quitte und Kürbis

Teig (alternativ gekaufter Blätterteig)
250 g Topfen (20 %)
250 g kalte Butter, in Stücke geschnitten
250 g glattes Mehl Type W480
plus Mehl für die Arbeitsfläche
1 Prise Salz

Fülle

1 kleiner Hokkaidokürbis, entkernt und in Spalten geschnitten
2 EL Olivenöl
Salz
frisch gemahlener Pfeffer
150 g Crème fraîche
½ Dotter von einem Bio-Ei (die andere Hälfte zum Bestreichen verwenden)
3–4 Quittenviertel, nach dem Grundrezept von S. 186 zubereitet, abgetropft und in Spalten geschnitten
1 fingerbreites Stück Manchego, mit dem Sparschäler in Streifen geschnitten

½ Dotter von einem Bio-Ei (den übrigen halben Dotter von der Fülle), mit 1 TL Milch versprudelt zum Bestreichen

Für den **Teig** alle Zutaten mit den Knethaken des Mixers verrühren, bis sie sich verbinden (alternativ von Hand zusammenkneten). In Frischhaltefolie wickeln und mindestens 1 Stunde im Kühlschrank rasten lassen.

Für die **Fülle** das Backrohr auf 180 °C Ober-/Unterhitze vorheizen. Die Kürbisspalten mit dem Olivenöl vermischen, salzen und pfeffern. Auf einem mit Backpapier ausgelegten Blech 15 Minuten vorbacken. Aus dem Rohr nehmen und auskühlen lassen. Die Crème fraîche mit dem halben Dotter vermischen, salzen und pfeffern.

Drei Viertel des Topfenteiges auf einer bemehlten Arbeitsfläche zu einem ca. 4 mm dicken Rechteck ausrollen und auf ein mit Backpapier ausgelegtes Blech legen. Nun die Crème-fraîche-Mischung auf dem Teig verstreichen, dabei rundherum einen 2–3 Finger breiten Rand frei lassen. Die Kürbis- und Quittenspalten dekorativ auf dem Teig verteilen, dann den Rand darüberschlagen, Kürbis und Quitten werden dabei nur teilweise bedeckt. Den Rand der Galette mit der Dotter-Milch-Mischung bestreichen.

Die Galette ca. 35 Minuten goldbraun backen, aus dem Rohr nehmen und ein wenig auskühlen lassen. Mit dem Manchego belegen und mit Salz und Pfeffer bestreuen.

Tipp

Übrig gebliebenen Topfenteig zu mit Marmelade gefüllten Topfentascherln verarbeiten. Der Teig hält sich tiefgekühlt bis zu 1 Monat.

QUITTENROTKRAUT
mit Maroniknöderln

Rotkraut

1 Kopf Rotkraut, auf der Mandoline oder von Hand in feine Streifen geschnitten
2 EL Salz
2 EL Kristallzucker
100 g frisch gepresster Orangensaft
60 g Aceto Balsamico
100 g Rotwein
2 EL Butter
2 EL Sonnenblumenöl
1 Zwiebel, geschält und in kleine Würfel geschnitten
Flüssigkeit vom Kochen der Quitten nach dem Grundrezept von S. 186
6 Quittenviertel, nach dem Grundrezept von S. 186 zubereitet, in Spalten geschnitten

Knöderl

120 g gegarte Maroni
380 g Milch
3 Bio-Eier
Salz
1 Prise frisch gemahlener Pfeffer
1 Prise frisch geriebene Muskatnuss
360 g altbackene, trockene Semmeln oder Weißbrot, in kleine Würfel geschnitten, alternativ fertiges Knödelbrot
5 EL Butter
1 kleine Zwiebel, geschält und in kleine Würfel geschnitten
1 Handvoll fein geschnittene Petersilblätter

Nach Lust und Laune

Sprossen

Tipp

Um frische Maroni zu garen, diese auf der bauchigen Seite einschneiden und 30 Minuten in Wasser einlegen. Dann bei 190 °C 30 Minuten im Rohr backen, anschließend aus der Schale lösen.

Das **Rotkraut** in eine große Schüssel geben und mit dem Salz und dem Zucker kräftig kneten, bis es zusammenfällt. Dann den Orangensaft, den Aceto Balsamico und den Rotwein dazugeben, durchrühren und zugedeckt mindestens 6 Stunden marinieren lassen.

Anschließend die Butter mit dem Sonnenblumenöl in einem großen Topf erhitzen. Die Zwiebelwürfel darin bei mittlerer Hitze anschmurgeln, bis sie sehr glasig sind. Das Rotkraut samt Flüssigkeit dazugeben und unter mehrmaligem Rühren schmoren. Sobald die Flüssigkeit verkocht ist, mit ein wenig Quittenflüssigkeit aufgießen. Wenn das Kraut weich, aber noch knackig und die Flüssigkeit zum größten Teil verdampft ist, die Quittenstücke vorsichtig dazurühren, bis auch diese warm sind. Mit Salz abschmecken und vor dem Servieren wieder erwärmen.

Für die **Knöderl** die Milch in einem kleinen Topf erhitzen, die Eier hineinsprudeln, ½ TL Salz, den Pfeffer und die Muskatnuss hinzufügen. Diese Flüssigkeit über die Semmelwürfel in eine Schüssel gießen, gut umrühren und 10 Minuten ziehen lassen. 2 EL Butter in einem kleinen Topf erhitzen und die Zwiebelwürfel darin sehr glasig dünsten. Am Schluss den Petersil hinzufügen. Gemeinsam mit den Maronistücken unter die Semmelmischung heben.

In einem großen breiten Topf Wasser erhitzen und salzen. Die Semmelknödelmischung halbieren, in der Breite des Topfes zwei Rollen formen und jeweils auf Klarsichtfolie (oder ein Geschirrtuch) legen. Die Rollen straff in die Klarsichtfolie eindrehen, dann auch mit Alufolie umwickeln, die Enden gut zudrücken (das Geschirrtuch an den Enden zubinden). Nun ins Wasser legen und 35 Minuten ganz zart kochen lassen, vom Topfboden sollten kleine Bläschen aufsteigen.

Die Rollen aus dem Wasser heben, auswickeln und in Scheiben schneiden. 3 EL Butter in einer Pfanne erhitzen und die Knödelscheiben auf beiden Seiten knusprig anbraten. Das Rotkraut auf Tellern anrichten, die Knödel daraufsetzen und nach Lust und Laune mit Sprossen dekorieren.

Vor ein paar Wochen fuhren wir Freundinnen auf eine Spritztour in die Steiermark, um einen runden Geburtstag zu feiern. Von langer Hand geplant, kamen wir zu einer Bio-Gärtnerei in den Hügeln vor Graz, um dort das Blumenbinden zu erlernen.

Erst gab es zu einem Gläschen Prosecco ein wenig Pflanzenkunde, dann ging es ab in die Felder. Tausende Dahlien blühten mit Astern und Sonnenblumen um die Wette und schon das Aussuchen und Pflücken war eine große Freude. Später spazierten wir mit unseren Riesensträußen in Händen zu einem süßen Café, wo wir Serviettenknödel und Paradeiskraut verspeisten.

Ein wenig weitergedacht – das war die Geburtsstunde meines Quittenrotkrautes, die Serviettenknödel freuen sich über die herbstlichen Maroni. Jedes Mal, wenn ich diese Speise koche, bin ich in Gedanken wieder mit meinen Freundinnen im spätsommerlichen Blumenmeer.

Inl.
Bio
Kräuter
1Bd =>

HIMBEEREN
HEIDELBEEREN
INL. KL. I
1TASSE
€3,80

NÜSSE

„Nüsse gehören zum Advent wie der Christbaum zum Weihnachtsfest", erzähle ich der Mittleren am Telefon, während ich die Zutaten für die ersten Haselnussbusserl abwiege. Bei genauerem Hinsehen erkenne ich auf dem kleinen Bildschirm meines Handys, dass sie sich ein Schmunzeln nicht verkneifen kann. „Naja, die letzte Zeit war ja wohl durch Corona eine harte Nuss für uns alle", sagt sie dann. „Aber wir machen es uns trotzdem schön, ich liebe die Weihnachtszeit und gerade heuer haben wir Muße und Stille im Überfluss, das ist ja mal was Neues", sage ich und beende das Gespräch, weil ich den Handmixer aufdrehen muss. Während sich das Eiklar wie durch Zauberhand in glänzenden, festen Schnee verwandelt, fällt mir ein, dass ich vergessen habe, dem Kind den Ratschlag mitzugeben, jeden Tag eine Handvoll Nüsse zu essen.

Viele der „Nüsse", wie sie im Volksmund genannt werden, so zum Beispiel Mandeln, Cashews, Pistazien oder Pinienkerne, sind in Wirklichkeit keine Nüsse, sondern Stein- oder Hülsenfrüchte. Eine Gemeinsamkeit haben diese Kraftpakete aber: Sie strotzen nur so vor wertvollen Fettsäuren, Vitaminen und Mineralstoffen. „Diese Nachricht werde ich gleich in unsere Familiengruppe schreiben", denke ich mir. „Oma und Opa können gesundes Essen gerade im Winter sehr gut brauchen." Nachdem ich die Busserl ins Backrohr geschoben habe, drehe ich Tschaikowskys „Nussknacker" auf und mache mir eine Liste der verschiedenen Lieblingskekse meiner Lieben. Vanillekipferl mit geschälten Mandeln für die Mittlere, Husarenkrapferl mit Haselnüssen für den Ältesten und so geht es weiter, bis all die verschiedenen Nüsse verbacken sind.

Dieses Jahr wird das Nikolosackerl, das auch meine erwachsenen Kinder jedes Jahr bekommen, besonders üppig ausfallen. Gedanken wie „heuer sind sie aber wirklich zu alt dafür" werden kurzerhand über Bord geworfen – dieses Jahr muss ja für irgendetwas gut gewesen sein – ab jetzt gilt für mich die neue Freiheit des Handelns! So habe ich Freude daran, die Sackerl zu besorgen, in meiner Lieblingsbuchhandlung wird ein Buch für alle ausgesucht, auch das Schwiegerkind wird nicht vergessen.

Der Enkelhund, der vor ein paar Wochen zu unserer Familie gestoßen ist, bekommt ein Sackerl Hundekekse, die anderen Mandarinen und Erdnüsse, so viel Tradition muss sein (auch wenn die Erdnuss keine Nuss, sondern eine Hülsenfrucht ist). Dann geht es zu Hause ans Keksebacken, hierzu höre ich ganz laut Weihnachtsmusik in Endlosschleife, singe aus ganzem Herzen mit – und treibe den Liebsten in seinem Homeoffice in den Wahnsinn. „Keine Nuss ohne Schale", denke ich mir – und er freut sich dann ja doch, wenn er am Nikoloabend sein Sackerl am Kopfpolster findet.

NUSSKRANZ

Für 1 Kranz

Teig

250 g glattes Mehl Type W700
50 g Staubzucker
1 TL Vanillezucker
7 g Trockengerm
1 TL Salz
125 g Milch
50 g Butter, in kleine Stücke geschnitten,
plus 2 EL zerlassene Butter zum Bestreichen
1 Bio-Ei
1 Dotter von einem Bio-Ei
¼ TL fein abgeriebene Bio-Zitronenschale

Nussfülle

65 g Milch plus Milch bei Bedarf
10 g Honig
60 g Staubzucker
100 g fein geriebene Nüsse
75 g Biskottenbrösel
1 EL Rum, alternativ Orangensaft
1 TL gemahlener Zimt
¼ TL fein abgeriebene Bio-Zitronenschale
1 Handvoll getrocknete Cranberrys oder Rosinen nach Geschmack

1 Bio-Ei, versprudelt, zum Bestreichen
4 EL Marillenmarmelade zum Bestreichen
gehobelte Mandelblättchen zum Bestreuen, in einer Pfanne trocken und sanft geröstet

Für den **Teig** das Mehl mit dem Staub- und Vanillezucker, der Germ und dem Salz in einer großen Schüssel vermischen. (Dabei bedenken, dass der Teig auf das doppelte Volumen aufgeht.) Die Milch mit der Butter in einem kleinen Topf erwärmen, das Ei und den Dotter hineinrühren. Mit dem Finger kontrollieren – die Flüssigkeit soll lauwarm sein, ist sie zu heiß, sterben die Hefebakterien ab.

Die Flüssigkeit zur trockenen Mischung gießen, die Zitronenschale dazugeben und mit den Knethaken der Küchenmaschine ca. 10 Minuten rühren, bis der Teig nicht mehr klebt.

Den Teig mit Frischhaltefolie abdecken (diese soll den Teig bedecken, nicht die Schüssel). An einem warmen Ort 30 Minuten gehen lassen, dann mehrere Stunden oder über Nacht im Kühlschrank auf das doppelte Volumen aufgehen lassen. (Gekühlter Teig hat den Vorteil, dass er sich besser verarbeiten lässt.)

Für die **Fülle** die Milch mit Honig und Zucker aufkochen und noch heiß mit den Nüssen, Bröseln, Rum, Zimt und Zitronenschale vermengen. Sollte die Fülle zu fest sein, mit etwas mehr Milch verdünnen. Anschließend auskühlen lassen.

Den Germteig ca. 8 mm dünn ausrollen und zunächst mit der zerlassenen Butter, dann mit der Fülle bestreichen. (Wenn der Teig sehr weich ist, erneut im Kühlschrank oder im Gefrierschrank kühlen.) Anschließend mit den Trockenfrüchten bestreuen. Den gefüllten Teig wie einen Strudel aufrollen und auf ein mit Backpapier ausgelegtes Blech legen.

Die einfachste Methode, um einen schönen Kranz zu erhalten, ist folgende: Die Rolle ab der Mitte längs halbieren (es ergibt sich so ein „Körper" mit zwei „Beinen"). Die beiden Stränge nun so miteinander verzwirbeln, dass die Nussfülle möglichst oft nach oben zeigt. Das gleiche nun für die andere Hälfte wiederholen, also den übrigen Teil der Rolle längs halbieren und die Stränge miteinander verzwirbeln.

Den verzwirbelten Strang anschließend zu einem Kranz zusammenlegen und an einem warmen Ort gehen lassen, bis er merklich vergrößert ist (das kann, abhängig von der Wärme des Raumes, bis zu 2 Stunden dauern).

Das Backrohr auf 180 °C Ober-/Unterhitze vorheizen. Den Kranz mit dem verquirltem Ei bestreichen und 25–35 Minuten goldbraun backen. Anschließend herausnehmen. Die Marillenmarmelade mit etwas heißem Wasser verdünnen und auf den noch warmen Kranz streichen, anschließend mit den Mandelblättchen bestreuen.

Alle, die mich kennen, wissen, wie gerne ich singe, tanze und Feste feiere.

Darum haben wir am Markt im Sommer unser berühmtes Salsafest, auf dem wir ausgelassen zum Rhythmus Südamerikas die Hüften schwingen. Im Advent wiederum habe ich den „Himmelblauchor“ ins Leben gerufen, der aus treuen Freundinnen und Familie besteht.

Mit Laternen und Gitarren in der Hand wandern wir singend über den Markt und halten an jedem Wagen ein Weihnachtsständchen, das Abschlusslied ist jedes Jahr „Feliz Navidad“, das wir gleich zwei- bis dreimal anstimmen. So viel Singen macht natürlich hungrig und so gibt es dann, wenn wir mit rot gefrorenen Nasen ins Café einkehren, diesen Nusskranz und einen wärmenden Tee.

Bratäpfel

60 g Milch
15 g Butter plus Butter für die Form und zum Belegen der Äpfel
50 g geriebene Mandeln
1 EL Rum (optional)
10 g Honig
20 g Keks-, Kuchen- oder Biskottenbrösel
1 Handvoll Walnüsse, zerbrochen
1 Handvoll Trockenfrüchte, in kleine Stücke geschnitten
½ TL gemahlener Zimt
ca. 200 g Apfelsaft
4 große oder 6 kleine säuerliche Äpfel

Vanillesauce

500 g Milch
60 g Staubzucker
1 EL Vanillezucker
10 g Vanillepuddingpulver
2 Dotter von Bio-Eiern

BRATÄPFEL
mit Nussfülle und Vanillesauce

Ich liebe die Weihnachtszeit mit all ihren Ritualen.

Der wunderschöne Beginn des Advents findet für mich jedes Jahr bei meiner Freundin Irmi statt, wo wir fünf Freundinnen mitsamt den Töchtern unsere Adventkränze binden.

Wir hören die ersten Weihnachtslieder, trinken Punsch und tratschen heiter, während die grünen, nach Christbaum duftenden Tannenzweige in ihre kreisrunde Form gebracht werden.

Dazu gibt es Kekse, eine warme Suppe und als krönende Nachspeise immer Bratäpfel mit Vanillesauce, die nach Kindheit und Winterzauber schmecken.

Für die **Bratäpfel** die Milch in einem kleinen Topf erhitzen und die Butter darin schmelzen. Nun die Mandeln, den Rum, den Honig und die Brösel unterrühren, dann die Walnüsse und Trockenfrüchte unterheben. Mit Zimt abschmecken.

Das Backrohr auf 180 °C Ober-/Unterhitze vorheizen. Eine Auflaufform, in der alle Äpfel nebeneinander Platz haben, mit Butter ausfetten und den Apfelsaft hineingießen. Von den Äpfeln oben einen Deckel abschneiden. Das Kerngehäuse mit einem Kugelausstecher oder einem scharfen Löffel entfernen und so einen Hohlraum für die Fülle schaffen. Die Äpfel mit der Nussmasse füllen und die Deckel passend aufsetzen. Mit je einem daumennagelgroßen Stück Butter belegen und 35–45 Minuten im Rohr weich garen.

Für die **Vanillesauce** die Milch in einem breiten Topf erhitzen, bis kleine Bläschen zu sehen sind. In der Zwischenzeit den Staubzucker, den Vanillezucker, das Puddingpulver und die Dotter in einer kleinen Schüssel versprudeln. Die heiße Milch ganz langsam unter ständigem Rühren gründlich unter die Dottermischung quirlen. Nun diese Mischung wieder in den Topf gießen und auf den Herd stellen, die Hitze erhöhen und die Mischung unentwegt rühren, bis sie bindet. Anschließend noch 1 Minute sanft kochen lassen.

Die Bratäpfel aus dem Rohr nehmen, in Schüsseln anrichten, mit der Garflüssigkeit bestreichen und mit der warmen Vanillesauce servieren.

HASELNUSSBUSSERL

Beim Auszug aus unserer Elternwohnung habe ich meiner Mutter zwei Kochbücher gestohlen, die ich immer noch habe – jetzt ist das Geheimnis gelüftet. Beide sind nach so vielen Jahren arg zerzaust und verlieren ihre Seiten, aber sie sind mir, die ich Regale voller Kochbücher habe, heilig. Eines der zwei Bücher beinhaltet nur Weihnachtsrezepte und ist mir ein treuer Begleiter durch den Advent.

Bei den Haselnussbusserln hatte ich eines Tages einen Geistesblitz: Warum nicht die Busserl so zubereiten, wie ich es einst in der Patisserieschule gelernt hatte? Gesagt, getan, seitdem sind sie genauso, wie ich es mir vorstelle: außen knusprig, innen schön weich. So aufgebrezelt dürfen sie nun schon ab Oktober eine Hauptrolle beim Dessert spielen, wär ja wirklich schade, so gute Kekse nur zu Weihnachten zu verspeisen.

Tipp

Als Dessert serviere ich die Haselnussbusserl mit gebackenen Quitten: Die Quitten nach dem Grundrezept von S. 186 zubereiten. Pro Person ein Quittenviertel aus dem Sud fischen, die Haut abziehen und die Quitten in eine Auflaufform legen. Den Boden der Form mit ein wenig Quittensud bedecken und jedes Quittenstück mit zerlassener Butter bestreichen. Bei 180 °C Ober-/Unterhitze backen, bis die Ränder der Quitten zart gebräunt sind. Mit geschlagenem Schlagobers oder Vanilleeis zu den Busserln servieren.

Das Backrohr auf 130 °C Ober-/Unterhitze vorheizen. Ein Blech mit Backpapier auslegen. Die geriebenen Haselnüsse mit dem Staubzucker und den Gewürzen vermengen. In einer großen, absolut fettfreien Schüssel (evtl. zur Sicherheit vorher mit heißem Wasser und Spülmittel säubern) die Eiklar mit dem Salz mit den Quirlen des Handmixers schaumig aufschlagen.

Nun nach und nach den Kristallzucker hinzufügen, währenddessen die ganze Zeit weiterschlagen, bis der gesamte Zucker eingearbeitet und fester, glänzender Schnee entstanden ist. Jetzt die Nussmischung mit einem Spatel vorsichtig unterheben, bis keine Spuren vom Eischnee mehr zu sehen sind.

Einen Spritzsack mit einer glatten Tülle mit 1 ½ cm ø bestücken. Nun den Sack knapp an der Tülle zweimal eindrehen, damit unten nichts herauslaufen kann. Den Sack in ein hohes, schmales Gefäß stellen und den oberen Rand umschlagen. Die Schneemasse einfüllen, den Rand wieder zurückschlagen, den Spritzsack aus dem Gefäß nehmen und entdrehen.

Ca. 3 cm große Busserl auf das Blech spritzen, alternativ teelöffelgroße Häufchen auf das Backblech setzen. Dabei versuchen, möglichst gleichmäßig zu arbeiten. Bei Bedarf ein zweites Backblech verwenden. Anschließend 1 Haselnuss in jedes Busserl stecken.

25 Minuten im Rohr backen, dabei eventuell das Backblech nach 12 Minuten drehen, damit die Busserl gleichmäßig backen. Sie sollten sich vom Papier lösen lassen, innen aber noch weich sein. Etwas auskühlen lassen, dann bezuckern.

Für ca. 40 Stück

140 g geröstete, geriebene Haselnüsse
70 g Staubzucker, gesiebt,
plus Staubzucker zum Bestreuen
¼ TL gemahlene Gewürze nach Geschmack (z.B. Zimt, Kardamom, Nelken oder eine Gewürzmischung)
2 Eiklar von Bio-Eiern (70 g)
1 Prise Salz
70 g Kristallzucker
ca. 40 geschälte Haselnüsse

TROCKENFRÜCHTE

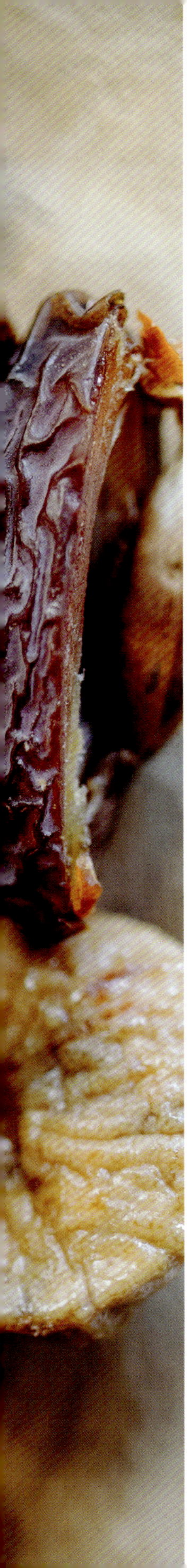

MARKTGESCHICHTEN

Wie schön sind die Dezembertage, an denen ich durch einen Christbaumwald am unteren Ende des Marktes spaziere, um ins Café zu gelangen. Weihnachtlich duften die frisch geschnittenen Bäume, die darauf warten, nach Hause getragen zu werden, um herrlich geschmückt die Herzen von Jung und Alt höher schlagen zu lassen. Bei Emils Stand bleibe ich stehen, fällt doch mein Blick auf Steigen voll bunter Trockenfrüchte. Leuchtend orange Marillen, faltige, dunkelviolette Zwetschken, pralle Datteln und weiche Feigen, die mit einem Faden zum Kranzerl gebunden sind.

„Kletzen sind auch schon da, gerade richtig für die Weihnachtszeit!", ruft Emil. „Perfekt, dann kann ich schon Kletzenbrot backen und es bis Weihnachten durchziehen lassen, so wird es von Tag zu Tag besser", entgegne ich. „Und dazu schmeckt geräucherter Hirschschinken herrlich", meint ein Mann, der sich gerade Mandarinen und Erdnüsse für seine Kinder aussucht.

Sind die Kletzen, also getrocknete Birnen, heimisches Trockenobst, kommen die meisten der anderen gedörrten Früchte aus wärmeren Gefilden. Das Trocknen von Obst ist die älteste bekannte Konservierung von Lebensmitteln, abgeschaut von der Natur, die reife Früchte, die vom Baum gefallen waren, in der prallen Sonne dörrte. So wird das Obst zu einer wahren Nährstoffbombe mit langer Haltbarkeit und wurde einst auf Expeditionen und weite Seereisen mitgenommen, um Skorbut vorzubeugen. Getrocknete Feigen wurden gar als Grabbeigabe mitgegeben, wohl, um die letzte Reise ein wenig zu versüßen.

Glücklich sehe ich den Marktstandlern zu, wie sie die verschiedenen Trockenfrüchte mit einer langen Holzzange aus den Körben fischen. „Ich brauche ein Viertel Kilo Datteln, meine Nichte isst so gerne meine Dattelbusserl!", sagt eine ältere Dame mit Hut. „Ich gebe in meine Witwenküsse immer ein paar Rosinen, nach einem Rezept meiner Schwiegermutter, sie hat immer ‚Zibeben' zu den Rosinen gesagt", plaudert eine andere Dame aus ihrem Weihnachtskekseschatz. Ein junger Mann, der seinen strubbeligen Hund an der Leine hält, murmelt: „Also ich mach lieber eine Gemüsetajine mit Datteln und Pinienkernen, und morgen backe ich mein Brot mit Lavendel und getrockneten Marillen." Sozusagen ein modernes Weihnachtsbrot, schmunzle ich im Stillen und stelle mir die früheren Zeiten vor, als Trockenfrüchte im Nikolosackerl die einzigen und daher begehrten Süßigkeiten waren.

Den ganzen Tag bin ich von all den Tannenbäumen und dem Weihnachtsschmuck inspiriert: Rote Cranberries und grüne Pistazien wünsche ich mir für den Weihnachtssalat. Fehlt nur noch das schneeweiße Ziegenkäsemousse und fertig ist die Vorspeise für Heiligabend. Ich kann sie am Vortag vorbereiten, so bleibt mir Zeit, die Bescherung zu genießen. Als Nachspeise gibt es eine Schokotrüffel-Tarte mit eingelegten Rumzwetschken – ich kann es kaum noch erwarten.

ZIEGENKÄSEMOUSSE
mit Cranberrys und Pistazien

Der Liebste, weil er eben der liebste Ehemann von allen ist, hat mir zum 50. Geburtstag einen Backkurs in Paris geschenkt.

Ich war in einer süßen kleinen Wohnung im „Quartier Latin" untergebracht und habe sechs Stunden am Tag in der nahe gelegenen Schule die Kunst des Backens perfektioniert. Wir waren zehn Studentinnen und Studenten aus zehn verschiedenen Ländern, vereint durch die Liebe zum Handwerk und zum Sauerteig.

Zum Abschluss wurde ein kleines Fest organisiert, wir backten Brot und Süßes, der Kurs von nebenan, der sich dem Kochen verschrieben hatte, stellte alles Salzige her. Darunter war auch eine Ziegenkäsemousse mit Trockenfrüchten und Nüssen, die mich so verzückt hat, dass ich sie fünfmal nachkochte, um sie perfekt hinzukriegen.

Voilà, die Variante in den weihnachtlichen Farben rot, weiß und grün – das nenne ich schlemmen wie Gott in Frankreich!

Tipp

Die Menge kann für eine große Runde gut verdoppelt werden. Wer mag, kann die Mousse auch vor dem Abkühlen in Gläser füllen und darin servieren.

Für eine Form von ca. 14 x 17 cm Größe

250 g Schlagobers
½ TL Fenchelsamen
1 EL Honig
Salz
frisch gemahlener Pfeffer
125 g Ziegenfrischkäse
2 EL klarer Schnaps, alternativ Wasser
2 ½ Blatt Gelatine, in kaltem Wasser eingeweicht
25 g getrocknete Cranberrys, halbiert
25 g Pistazienkerne, längs halbiert

Nach Lust und Laune

Vogerlsalat
frisches Brot

125 g Schlagobers mit den Fenchelsamen erhitzen, bis sich am Rand kleine Bläschen bilden, dann zugedeckt 5 Minuten ziehen lassen. Nun durch ein Sieb gießen, um die Fenchelsamen zu entfernen. Das aufgefangene Obers mit Honig, Salz und Pfeffer würzen und den Ziegenfrischkäse mit dem Stabmixer untermixen. Das übrige Obers aufschlagen.

Den Schnaps leicht erwärmen. Die Gelatine ausdrücken und im Schnaps auflösen, ein wenig von der Ziegenkäsemasse einrühren. Dann diese Mischung unter die übrige Ziegenkäsemasse rühren und das geschlagene Obers unterheben. Die Ziegenfrischkäsemousse in die Form gießen und für 20 Minuten in den Kühlschrank stellen.

Anschließend die Cranberrys und die Pistazien auf die Masse streuen und die Mousse mindestens 3 Stunden oder über Nacht kalt stellen.

Zum Servieren Stücke aus der Mousse schneiden, mit einem Tortenheber auf Teller legen und mit mariniertem Vogerlsalat und frischem Brot servieren.

PIKANTER KUCHEN
mit Datteln und Feta

„Weihnachten im Wald" ist eines meiner Lieblingsfeste in der Weihnachtszeit.

Mit lieben Freunden in den nahe gelegenen Wald zu gehen, dort Lieder zu singen und ein Bäumchen mit Äpfeln und Nüssen zu schmücken, ist immer etwas ganz Besonderes.

Natürlich darf auch hier das gute Essen nicht zu kurz kommen, und mit dieser weihnachtlichen Picknickvariante im Kopf habe ich diesen Kuchen kreiert.

Er ist im Handumdrehen zusammengerührt, verschiedene Käsereste können gut zusammengemischt werden, und die Kombination der süßen Datteln mit dem salzigen Feta ist einfach himmlisch.

Für eine längliche Kastenform von 12 x 26 cm Größe

zerlassene Butter für die Form
200 g glattes Mehl Type W480 plus Mehl für die Form
1 Packerl Backpulver
3 zimmerwarme Bio-Eier (bei Bedarf in warmes Wasser legen)
50 g Joghurt
50 g Milch
100 g neutrales Pflanzenöl (z.B. Rapsöl)
¼ TL Salz
frisch gemahlener Pfeffer
100 g Hartkäse, fein gerieben
15 getrocknete Datteln, in kleine Würfel geschnitten
150 g Feta, in Würfel geschnitten

Das Backrohr auf 180 °C Ober-/Unterhitze vorheizen. Die Backform mit zerlassener Butter ausstreichen und mit Mehl ausstreuen.

Das Mehl mit dem Backpulver vermischen. Die Eier in einer Schüssel mit dem Joghurt, der Milch, dem Öl, dem Salz und etwas Pfeffer mit den Quirlen des Mixers ca. 2 Minuten aufschlagen. Dann die Mehlmischung kurz unterrühren, bis sich die Masse verbindet. Nun den Käse, die Datteln und den Feta mit einem Spatel vorsichtig untermengen.

Die Masse in die vorbereitete Form füllen. Ca. 45 Minuten backen, bis der Kuchen goldbraun ist und ein in die Mitte gestecktes Holzstäbchen trocken herausgezogen werden kann. Aus der Form stürzen, mit der geraden Seite nach unten auf ein Brett stellen und in Scheiben geschnitten warm oder kalt servieren.

SCHOKOLADEKUCHEN
mit Rumzwetschken

Für eine Kuchenform von 22 cm ø

200 g getrocknete Zwetschken
50 g Inländerrum
250 g dunkle Kuvertüre
(mindestens 40 % Kakaobuttergehalt)
200 g Butter, in kleine Würfel geschnitten,
plus Butter für die Form
5 zimmerwarme Bio-Eier, getrennt
120 g Rohrzucker plus Rohrzucker zum Bestreuen
75 g blanchierte, geriebene Mandeln
75 g glattes Mehl Type W480 plus Mehl für die Form
1 gute Prise Salz
Staubzucker zum Bestreuen

Ich liebe Trockenfrüchte in jeder Form: roh, gebacken – ganz egal. Hier ist meine Lieblingsvariante, die Steigerung aller bisherigen Rezepte: Zwetschken mit Rum und Schokolade.

Der Kuchen hat nur zwei Anläufe gebraucht, bis er perfekt war, die marinierten Zwetschken geben in ihrer pürierten Form Saftigkeit und sorgen zusätzlich als kleine Stücke für ein herrliches Rumaroma.

*Den Probekuchen habe ich zur Yogastunde mitgenommen und meiner verdutzten Freundin geschenkt, die ihn glücklich zum Nachmittagskaffee verkostet hat.
Sie hat ihn sofort zum Lieblingskuchen des Jahres erklärt.
Ich bin schon gespannt, was ihr dazu sagt.*

Die Zwetschken in einer kleinen Schüssel mit dem Rum vermengen und mehrere Stunden oder über Nacht marinieren lassen.

Das Backrohr auf 180 °C Ober-/Unterhitze vorheizen. Die Kuchenform mit Butter ausfetten und mit Mehl ausstreuen. Die Zwetschken aus dem Rum nehmen, die Hälfte in einem Cutter pürieren, die andere Hälfte in Streifen schneiden.

Die Kuvertüre mit der Butter in einer Metallschüssel über einem Wasserbad schmelzen. Dabei darauf achten, dass der Schüsselboden nicht mit dem Wasser in Berührung kommt, sondern nur über dem Dampf steht. Die Dotter mit dem Rohrzucker mit den Quirlen des Mixers schaumig rühren, dann die Schokoladen-Butter-Mischung und die pürierten Zwetschken unterheben. Die Mandeln mit dem Mehl vermischen und ebenfalls unterheben.

Die Eiklar mit dem Salz zu steifem, glänzendem Schnee schlagen. Ein Drittel des Schnees kräftig unter die Schokomasse rühren, den Rest zusammen mit den Zwetschkenstreifen vorsichtig unterheben.

Den Teig in die Form füllen und 45–50 Minuten backen, bis ein in die Mitte gestecktes Holzstäbchen trocken herausgezogen werden kann. Eventuell nach 30 Minuten mit Alufolie abdecken, damit der Kuchen nicht zu stark bräunt. Aus der Form lösen, auskühlen lassen und bezuckern.

HONIGBROT
mit gedörrten Marillen und Feigen

Für eine längliche Backform von ca. 12 x 26 cm Größe

250 g glattes Mehl Type W480 plus Mehl für die Form
2 TL Lebkuchengewürz
2 TL Backpulver
100 g geriebene Mandeln
½ TL Salz
½ TL frisch gemahlener Pfeffer
80 g zerlassene Butter plus Butter für die Form
230 g Honig
1 EL frisch geriebener Ingwer
2 große zimmerwarme Bio-Eier (bei Bedarf in warmes Wasser legen)
120 g Sauerrahm
1 TL fein abgeriebene Bio-Orangenschale
80 g getrocknete Marillen, in Streifen geschnitten
80 g getrocknete Feigen, in Streifen geschnitten

Das Backrohr auf 180 °C Ober-/Unterhitze vorheizen. Die Backform mit zerlassener Butter ausstreichen und mit Mehl ausstreuen.

Das Mehl mit Lebkuchengewürz, Backpulver, Mandeln, Salz und Pfeffer vermischen. Die Butter mit dem Honig in einer großen Schüssel mit den Quirlen des Handmixers ca. 3 Minuten verrühren. Zunächst den Ingwer, dann die Eier einzeln unterrühren, anschließend den Sauerrahm. Nun die Mehlmischung unterrühren, die Orangenschale und die Trockenfrüchte unterheben.

Die Masse in die vorbereitete Backform füllen und 45–50 Minuten backen, bis das Honigbrot goldbraun ist und ein in die Mitte gestecktes Holzstäbchen trocken herausgezogen werden kann. Aus der Form stürzen, mit der gerade Seite auf eine Platte stellen und auskühlen lassen.

Beim Herumtüfteln der Rezepte ist mir eingefallen, wie gerne ich in Frankreich „Pain d'épices" esse und wie eigenartig es ist, dass wir in Österreich, dem Land des Lebkuchens und der Weihnachtsbäckerei, kaum Honigbrot verspeisen.

Ich hoffe, dies wird sich mit diesem Rezept ändern! Schon der Duft, der aus dem Backrohr kommt, ist herrlich verführerisch, das Brot selbst süß und auch ein wenig scharf, die Gewürze verlockend winterlich.

Ich konnte nicht anders, als das Brot mit Butter zu bestreichen und tagelang schon ab dem Frühstück zu verputzen, sehr französisch ist natürlich die Variante mit foie gras oder einer Käseplatte.

MARKTGESCHICHTEN

RADICCHIO

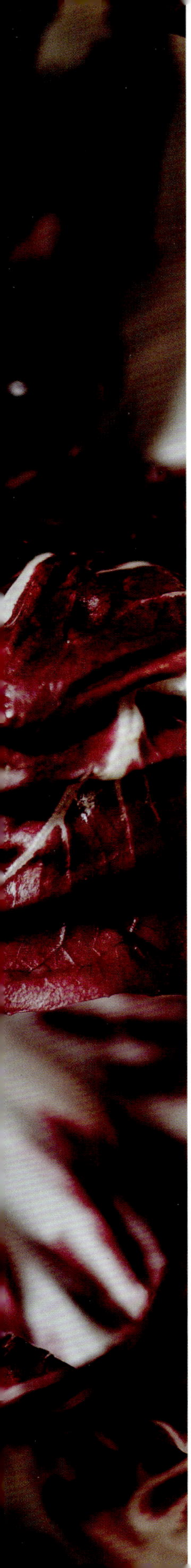

MARKTGESCHICHTEN

Der kalte Jännerwind pfeift mir um die Ohren, als ich an einem strahlenden Morgen zu Erol gehe, um mich vom reichen Obst- und Gemüseangebot inspirieren zu lassen. „Guten Morgen, Chefin!", ruft er mir lachend zu. „Was darf es denn heute sein?" Mein Blick fällt auf die Kisten voller unterschiedlicher Radicchiosorten. Rund und rot meliert, länglich oder auch mit festem Strunk und farnartig eingerollten, drolligen Blättern. „Ist das eine besondere Sorte?", will ich gleich wissen. „Ja", bestätigt der Marktstandler, „das ist der Tardivo, er ist bei meinen Kunden der beliebteste. Du kannst Radicchio roh essen oder braten, je nach Sorte ist er mehr oder weniger bitter." Ich lese die Schilder unter dem roten Salat und glaube mich nach Norditalien versetzt, wo ich ein paar Jahre gelebt habe: Chioggia, Castelfranco, Treviso, lauter schöne Orte, die dem Bittergemüse unterschiedliche Namen verliehen haben.

Der Radicchio ist ein waschechter Italiener, bei uns ist er erst in den letzten Jahrzehnten bekannt geworden. Anfangs als Heilpflanze genutzt, wurde er ab dem 16. Jahrhundert ob seiner Eigenschaft, im Winter geerntet werden zu können, als Nutzpflanze angebaut. Er gehört zur Familie der Wegwarte, auch Zichorien genannt. Diese wiederum kenne ich als süditalienische Spezialität, sie sind sozusagen die grünen Cousinen des Radicchios. Bei uns in Österreich kennt man nur noch den Zichorienkaffee, aus Wurzeln gebraut, der einst als billiger Kaffeeersatz in Kriegszeiten getrunken wurde.

Eine junge Frau am Marktstand packt gerade zwei Köpfe Radicchio in ihr Baumwollsackerl. „Der ist ein richtiges Superfood. Voller Vitamine und Mineralstoffe, das kann ich gerade im Jänner gut brauchen, damit ich gegen Erkältungen gerüstet bin", sagt sie zum Marktstandler. „Gut für die Verdauung ist er auch", brummelt ein älterer Herr, „das machen die Bitterstoffe." „Ich mag ihn, weil er praktisch ist", meint eine Dame mit Hut, „einfach mit Thymian und Zitronenschale würzen, mit Speck umwickeln und ab ins Rohr."

Im Café schwärme ich Daniel vom herrlichen Leben in Italien vor, da ist der Entschluss, den roten Salat in ein typisch norditalienisches Essen – ein Risotto – zu verpacken, schnell gefällt. Wir kitzeln das Beste aus der Speise heraus, verkochen den Radicchio zu einem Confit – mit Honig, der die Bitterkeit mildert. Italienischer Rotwein darf nicht fehlen, und damit wir beim Thema bleiben, gibt's Burrata dazu. Granatapfelkerne, die saftig knuspern, werden zum Abschluss darübergestreut. Ich summe leise „Azzuro" vor mich hin, als Daniel seinen Kopf wieder über die Küchentür steckt: „Nächste Woche machen wir einen Salat mit dem Kringel-Radicchio, mit Berglinsen, Nüssen und cremigem Gorgonzola." „Oh ja, und pochierte Birnen in Weißwein und Kardamom schmecken sicher auch herrlich dazu", rufe ich zurück.

Und so entstehen bei uns neue Gerichte.

RADICCHIORISOTTO

6 EL Olivenöl
1 großer, runder Kopf Radicchio, Strunk entfernt, Blätter in feine Streifen geschnitten
3 EL Honig
300 g Rotwein
Salz
1 Zwiebel, geschält und in sehr feine Würfel geschnitten
300 g Risottoreis
125 g Weißwein
ca. 2 l heißer Gemüsefond
frisch gemahlener Pfeffer
Zitronensaft nach Geschmack
3 EL Butter
2 Handvoll frisch geriebener Parmesan
2 Kugeln Burrata, halbiert
Granatapfelkerne

Nach Lust und Laune

Sprossen
Zitronenschale

Es wird berichtet, dass der Heilige Valentin im alten Rom Soldaten traute, denen das Heiraten verboten war.

Vor seiner Hinrichtung als Märtyrer schrieb er noch einen Brief an die blinde Tochter seines Wärters, unterzeichnete diesen mit „Dein Valentin" – und so war die erste Valentinskarte geboren.

Also nehmt den 14. Februar zum Anlass, schreibt euren Lieben ein paar schöne Zeilen und kocht dieses Risotto in dramatischem Rot. Schöne rote Rosen als Tischschmuck, und dem romantischen Abend steht nichts mehr im Weg.

3 EL Olivenöl in einer Pfanne erhitzen und den Radicchio darin anbraten. Den Honig beigeben und mit dem Rotwein aufgießen. So lange unter häufigem Rühren köcheln lassen, bis die Flüssigkeit verdampft ist, dann nach Geschmack salzen.

Die Zwiebelwürfel in 3 EL Olivenöl in einem Topf sehr glasig anbraten, den Risottoreis dazugeben und durchrühren. Mit dem Weißwein ablöschen und diesen verkochen lassen. Nach und nach den heißen Fond dazugießen, dabei stetig rühren, bis der Reis cremig, aber noch bissfest ist.

Nun den Radicchio dazugeben, mit Salz, Pfeffer und Zitronensaft abschmecken. Die Butter und den Parmesan kräftig unterrühren.

Das Risotto mit der Burrata und den Granatapfelkernen anrichten und nach Lust und Laune mit Sprossen und Zitronenschale dekorieren.

Gewürznüsse

1 Eiklar von einem Bio-Ei
je ¼ TL Salz und Ras el Hanout
1 Prise Chili
80 g geschälte Haselnüsse

Radicchio

2 EL Olivenöl
2 Köpfe Radicchio, der Länge nach samt Strunk geviertelt
30 g Butter
1 EL Honig
Saft einer Orange
Salz
frisch gemahlener Pfeffer

Dattelhummus

160 g gegarte Kichererbsen
2 EL Olivenöl
1 EL Tahin (Sesammus)
je ¼ TL Korianderkörner und Kreuzkümmel, in einer Pfanne trocken und sanft geröstet und im Mörser fein zerrieben
2 EL kaltes Wasser
1 große getrocknete Dattel, fein gehackt, plus einige halbierte Datteln zum Servieren
ca. 1 ½ EL Zitronensaft
ca. ¼ TL Salz
frisch gemahlener Pfeffer

Nach Lust und Laune

Sprossen

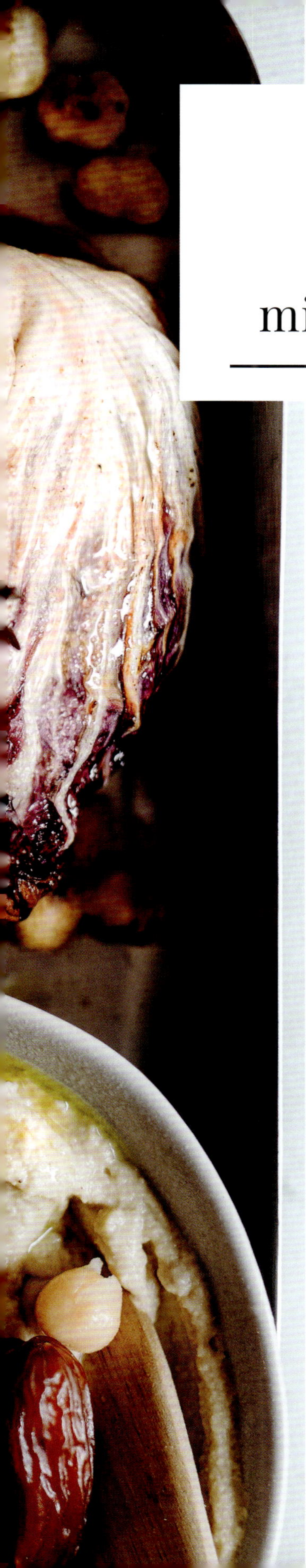

GESCHMORTER RADICCHIO

mit Dattelhummus und Gewürznüssen

Italien trifft Levante! Die Region des östlichen Mittelmeeres – die Länder der aufgehenden Sonne – wird auch Morgenland genannt und steht für mich für Genuss, Geselligkeit und herrliches Essen.

Den Radicchio hab ich mir aus Italien geborgt, um ihn mit süß-würzigen Zutaten für eine winterliche Mezzetafel aufzubrezeln. Und so kommt mitten im Jänner, wenn bei uns der Schnee leise rieselt, Urlaubsstimmung auf – wie ich es liebe, bei gutem Essen die nächste Reise zu planen!

Für die **Gewürznüsse** das Backrohr auf 140 °C Ober-/Unterhitze vorheizen. Alle Zutaten bis auf die Haselnüsse mit den Quirlen des Handmixers zu schaumigem, aber nicht festem Schnee aufschlagen. Die Nüsse mit dem Eischnee vermengen und auf einem mit Backpapier ausgelegten Blech 20–25 Minuten knusprig backen. Auskühlen lassen und auseinanderbrechen.

Für den **Radicchio** das Olivenöl in einer großen Pfanne erhitzen und die Radicchioviertel darin von allen Seiten bräunen. Die Butter in die Pfanne geben und auch diese leicht bräunen, dann den Honig hinzufügen. Nun mit dem Orangensaft aufgießen und den Radicchio ca. 3 Minuten bissfest schmoren lassen, dabei immer wieder mit dem Saft übergießen. Gut salzen und pfeffern, anschließend lauwarm auskühlen lassen.

Für den **Dattelhummus** 150 g Kichererbsen mit den anderen Zutaten im Cutter fein pürieren. Mit Zitronensaft, Salz und Pfeffer abschmecken.

Den geschmorten Radicchio mit den Gewürznüssen bestreuen. Den Dattelhummus in einer Schüssel anrichten und mit halbierten Datteln, ganzen Kichererbsen und nach Lust und Laune Sprossen dekorieren.

Tipp

Wer Dosen vermeiden möchte, kann auch getrocknete Kichererbsen kochen. Diese über Nacht in kaltem Wasser einweichen. Am nächsten Tag das Wasser wegschütten, die Kichererbsen in einem Topf mit frischem Wasser bedecken und ohne Salz(!) weich kochen, dabei immer wieder abschäumen. Sobald sie bissfest sind, in einem Sieb kalt abspülen und sofort verwenden oder portionsweise einfrieren.

KÜRBISNOCKERL

mit Radicchio, Maroni und Bergkäse

ca. 400 g mehlige Erdäpfel (benötigt werden 300 g gegarte Erdäpfel)
200 g Kürbisfleisch (z.B. Butternuss), in 2 cm große Würfel geschnitten
3 EL Olivenöl
90 g Butter plus 1 EL zum Anbraten
140 g Topfen (20 %)
180 g griffiges Mehl Type W480
4 Dotter von Bio-Eiern
Salz
frisch gemahlener Pfeffer
¼ TL frisch geriebene Muskatnuss
2 Köpfe Radicchio, Strünke entfernt, Blätter in 1 cm breite Streifen geschnitten
1 Handvoll gegarte Maroni, in Viertel gebrochen
2 Handvoll frisch geriebener Bergkäse

Tipp

Um frische Maroni zu garen, diese auf der bauchigen Seite einschneiden und 30 Minuten in Wasser einlegen. Dann bei 190 °C 30 Minuten im Rohr backen, anschließend aus der Schale lösen.

Das Backrohr auf 180 °C Ober-/Unterhitze vorheizen. Die Erdäpfel in Wasser weich kochen, abgießen und im Topf 10 Minuten ausdämpfen lassen. In der Zwischenzeit die Kürbiswürfel auf einem Backblech mit 2 EL Olivenöl beträufeln und 15–20 Minuten im Rohr weich backen.

Die Butter in einem kleinen Topf auf mittlerer Flamme erhitzen und köcheln lassen, bis sie zart bräunt und nussig riecht. Ein wenig auskühlen lassen.

Die Erdäpfel schälen, 300 g abwiegen und durch eine Erdäpfelpresse in eine große Schüssel drücken, dann auch den Kürbis durch die Presse in die Schüssel drücken. Den Topfen, das Mehl, die Dotter, 1 TL Salz, 1 Prise Pfeffer, Muskatnuss und 70 g Nussbutter – durch ein kleines Sieb gegossen – hinzufügen und den Teig von Hand durchkneten (bei Bedarf Einweghandschuhe anziehen). Ca. 1 Stunde im Kühlschrank rasten lassen.

In einem großen Topf reichlich Wasser aufkochen und gut salzen. Dann mit 2 Teelöffeln Nockerl von der Kürbismasse abstechen und in das Wasser einlegen. Die Temperatur reduzieren, sodass nur noch zarte Bläschen aufsteigen. Warten, bis die Nockerl an die Oberfläche steigen, dann noch 1 Minute sanft wallend kochen lassen, anschließend mit einem Siebschöpfer aus dem Wasser heben.

In einer großen Pfanne je 1 EL Butter und Olivenöl erhitzen. Die Radicchiostreifen darin zusammenfallen lassen, salzen und pfeffern. Die Maronistücke hinzufügen. Nun die gekochten Nockerl zum Radicchio geben, 1 Handvoll Bergkäse darüberstreuen, bei Bedarf 2 EL der Kochflüssigkeit dazugeben. Nicht rühren, sondern vorsichtig in der Pfanne schwenken, bis der Käse geschmolzen ist. Auf Tellern anrichten und den restlichen Käse darüberstreuen.

Ich habe ja mit meiner Familie vier Jahre in Italien gelebt und ein Stück meines Herzens ist noch immer dort.

Die Italiener haben so viele herzgewinnende Eigenschaften, zum Beispiel nicht formschöne Gnocchi einfach liebevoll „Malfatti" zu nennen.

Daran musste ich denken, als ich diese Kürbisnockerl kochte und beim zweiten Mal, um noch mehr Molligkeit zu erzeugen, auf einen Teil des Mehles verzichtete – herrliche Flaumigkeit war der Lohn.

Der rassige Bergkäse bringt das Gericht wieder über die Alpen. Als Nachspeise fehlen nur noch die berühmten italienischen Kekse „brutti ma buoni" – hässlich, aber gut!

WÖRTERBUCH

AT	DE
aufdrehen	einschalten
Blunzen	Blutwurst
brocken	pflücken
Busserl	kleine Kekse auf Eischneebasis
Dille	Dill
Eidotter	Eigelb
Eierschwammerl	Pfifferlinge
Eierspeis(e)	Rührei
Eiklar	Eiweiß
Eiskasten	Kühlschrank
Erdäpfel	Kartoffeln
Faschiertes	Hackfleisch
Fisolen	grüne Bohnen
Fleck, (Zwetschken-)	flacher Blechkuchen aus Hefeteig mit Obstbelag (hier: Zwetschgen)
Flesserl, (Mohn-)	(Mohn-)Zopf, bestreute Backware
Fülle	Füllung
Gemüsemayonnaise	verschiedene, klein geschnittene Gemüsesorten, die dann mit Mayonnaise zu einem Salat gemischt werden
geriebene Nüsse, Mandeln etc.	gemahlene Nüsse, Mandeln etc.
Germ	Hefe
herausbacken	ausbacken, frittieren
heuer	dieses Jahr
Holler	Holunder
Jänner	Januar
Jause	kleine, kalte Mahlzeit, Brotzeit, Zwischenmahlzeit, Snack
Jungzwiebeln	Frühlingszwiebeln
Karfiol	Blumenkohl
Kletzen	getrocknete Birnen
Knödel	Kloß, Klößchen
Kohlrübe	Kohlrabi
Kopfpolster	Kopfkissen
Krampus	unfreundlicher Begleiter des Nikolaus, als Zwetschkenkrampus versüßt er aus Trockenfrüchten bestehend oft die Vorweihnachtszeit
Kraut	Kohl
Kriecherl	Kriechen-Pflaume
Kristallzucker	Haushaltszucker
Marille	Aprikose
MarktstandlerIn	VerkäuferIn an einem Marktstand

Maroni	Esskastanie
Mehlspeise	Süßspeise, Kuchen
Mehltypen:	Mehltypen:
glattes Mehl Type W480	Weizenmehl Type 405
griffiges Mehl Type W480	Weizenmehl Type 405
glattes Mehl Type W700	Weizenmehl Type 550
mollig	weich, flaumig
Mürbteig	Mürbeteig
Nachtmahl	Abendessen
Nikolo	Heiliger Nikolaus
Packerl	Päckchen
Palatschinken	dünne Pfannkuchen
Paradeiser	Tomate
Petersil	Petersilie
Powidl	sehr lang eingekochtes Zwetschgenmus; auch als Redensart gebraucht: „Das ist mir powidl." – „Das ist mir egal."
rasten	ruhen
Raune/Rote Rübe	Rote Bete
rebeln	(zer)reiben, (ab)zupfen
Ribisel	Johannisbeere
Rohr, (Back-)	(Back-)Ofen
Sackerl	Sack, Beutel, Tüte
Sauerrahm	saure Sahne
Schlagobers	Schlagsahne
schlichten	anordnen, legen, stapeln
Schmankerl	Köstlichkeit, Leckerbissen
schmurgeln	(sanft) braten
Schöpfer	Schöpfkelle, Suppenkelle
Schwarzbrot	Graubrot
Siebschöpfer	Schaumlöffel
Soda	mit Kohlensäure versetztes Wasser
Solospargel	besonders schöne, dicke Spargelstangen
Spatel	Teigschaber
speckig	a) nicht komplett durchgebacken und daher noch weich und saftig b) festkochend (Kartoffeln)
Sponsion	Feier zur Verleihung eines akademischen Abschlusses
Staubzucker	Puderzucker
Steige	Holzkiste, in der Obst und Gemüse zum Verkauf angeboten wird
Sturm	Federweißer
Topfen	Quark
verbröseln	zu Bröseln verarbeiten, bröselig vermischen
versprudeln	verquirlen
Zeller, (Stangen-)	(Stangen-)Sellerie
Zuckerl	Süßigkeiten
Zwetschke	Zwetschge

ALPHABETISCHES REZEPTVERZEICHNIS

1 BUND
€ 3.-

DANKE

an Tommy, meinen liebsten Lockdown-Partner, für deine Unterstützung bei meinen Projekten.

an meine Kinder, dass ihr euch so gut um unser „Gschäft" kümmert.

an mein wunderbares Kochbuch-Team. Euer Einsatz und eure Leidenschaft machen das Arbeiten mit euch zu meiner größten Freude.

an Konstanze und Bernhard Borovansky vom Braumüller Verlag, dass euch meine Idee so gut gefallen hat und mit eurer Hilfe aus einem Projekt ein so schönes Buch geworden ist.

an Martina Salomon und Marlene Auer vom Kurier*, dass ihr mir die Gelegenheit gebt, meine Geschichten zu unseren LeserInnen zu bringen.*

an Daniel, dass es dir immer wieder gelingt, mich mit deinem Fachwissen zu überraschen und zu inspirieren.

an alle Marktstandlerinnen und Marktstandler, die tagein, tagaus, bei Sonnenschein und auch bei Schneefall am Markt stehen, damit wir immer frisches Obst und Gemüse nach Hause tragen können.

Und am Schluss, vielen Dank, ihr lieben Leserinnen und Leser, dass euch meine Geschichten so gut gefallen und ihr so gerne meine Rezepte nachkocht.

TEAM

Nicole Ott – *Autorin*

Nicole wurde in Wien geboren und hat von Kindesbeinen an liebend gern gebacken und gekocht. Die Idee, ein eigenes Café zu eröffnen, entstand im Blumenladen der Münchner Omi, die ihr auch die Liebe zur Natur und zu den Pflanzen vererbt hat. Nicole hat mit ihrem Mann Thomas drei heißgeliebte Kinder. Gemeinsam verbrachten sie mehrere Jahre im Ausland. In Chicago absolvierte sie die French Pastry School, wo sie das Handwerk des Backens erlernte.

Zurück in Wien wurde der langersehnte Wunsch Wirklichkeit – das Himmelblau am Kutschkermarkt öffnete 2012 seine Türen. Heute führt Nicole das Café zusammen mit ihren Söhnen und hat dadurch genug Zeit, am Markt Inspirationen für ihre Geschichten zu sammeln. Seit Mai 2018 schreibt sie jeden ersten Samstag im Monat die „Marktgeschichten" für die Kurier-*freizeit*. Sie lebt mit ihrem Mann und den Hunden Amy und Daisy in Wien und Altaussee.

www.himmelblau18.at
www.freizeit.at

Katharina Wind – *Lektorat*

Katharina Wind fand nach dem Studium der Germanistik und Anglistik in Deutschland und England nach Wien. Als Lektorin liebt sie die Schönheit der Sprache und die Möglichkeit, Texte im Team zu gestalten.

Besonders gern lektoriert sie Kochbücher, um dabei Rezepte im Kopf nachzukochen und Wörter duften zu lassen. Mit Vorliebe unternimmt sie Streifzüge über ihren Lieblingsmarkt in Wien und entdeckt dabei so manch unbekannte Zutat.

Tanja Hofer – *Stimmungsfotografie*

Tanja ist im Burgenland geboren und aufgewachsen. Schon als Kind zeigte sich ihre Liebe zur Fotografie – besonders gern fotografierte sie mit ihrer analogen Kamera die Menschen so, wie sie sind. Stimmungen und Emotionen einzufangen ist ihre Spezialität, ihr gutes Gespür für das richtige Licht machen die Bilder einzigartig und lebendig.

Durch ihre große Liebe zu Hunden gehören auch Fellnasen zur ihren Lieblingsmodels. Tanja lebt in Wien und arbeitet in Österreich und Deutschland.

www.tanjahofer.com

Carina Grissemann – *Foodstyling*

Die Jahreszeiten und den Reichtum der Lebensmittel im Rhythmus des Jahres genießen zu dürfen ist für Carina der Reiz ihrer Arbeit. Man findet sie daher meist inmitten der Natur und im Garten, welche die Basis und Grundlage für ihre Kreativität sind. Sie wuchs mit der Begeisterung für Lebensmittel, deren Zubereitung und Darbietung auf und mag die Verbindung von Traditionellem und Modernem.

An ihrem Beruf liebt sie die Vielfältigkeit und die Ästhetik der verschiedenen Gerichte. Meist hat sie schon vor dem Fotografieren eine klare Vorstellung von Farbe, Form und Präsentation des fertigen Gerichts. Sie lebt und arbeitet als selbstständige Foodstylistin und Rezeptautorin im Salzburger Land.

www.kitchenstory.at

Carolina Auer – *Foodfotografie*

Carolina ist eine strahlende, kreative Seele, die das Abenteuer und die Natur liebt – ebenso wie den Geschmack von Waldbeeren, den Duft des Waldbodens und das Gefühl, lebendig zu sein. Genau das spiegelt sich in ihrer Fotografie wider, die von Natürlichkeit geprägt ist.

Es sind die Liebe zum Detail und das Festhalten des Moments mit dem einhergehenden Gefühl, die ihren Beruf zu ihrer Leidenschaft machen Carina lebt und arbeitet als selbstständige Foodfotografin im Salzburger Land.

www.kitchenstory.at

Monika Stern – *Grafikdesign*

Monika ist in Wien geboren und hat ihren Lebensmittelpunkt vor 15 Jahren ins schöne Weinviertel verlegt. Eines der ersten Bücher, das sie sich kaufte, war ein Kochbuch. Die Leidenschaft für Bücher – im speziellen Kochbücher – ist bis heute ungebrochen.

Was es noch viel schöner macht, diese nun in der grafischen Sternenschmiede zum Leben zu erwecken. Damit die dafür so wichtige Kreativität leicht und fließend bleibt, versucht sie, so oft wie möglich in der Natur zu sein, sich neue Impulse beim Reisen zu holen oder Entspannung beim Kochen zu finden.

www.sternloscreative.com

IMPRESSUM

Bibliografische Information der Deutschen Nationalbibliothek:
Die Deutsche Nationalbibliothek verzeichnet diese Publikation in der Deutschen Nationalbibliografie; detaillierte bibliografische Daten sind im Internet über http://dnb.d-nb.de abrufbar.

1. Auflage 2021

Kutschkergasse 36, 1180 Wien
kontakt@himmelblau18.at

Konzept: Nicole Ott und Bernhard Borovansky
Rezepte: Nicole Ott
Lektorat: Katharina Wind
Cover, Satz, Layout: Monika Stern, © sternloscreative e.U.

Fotos:
Moodfotografie & Foto Nicole Ott: © Tanja Hofer
Foto Tanja Hofer: © Wolf Steiner
Foodfotografie /Styling: © Kitchen Story – Carina Grissemann & Carolina Auer
Foto Carina Grissemann & Carolina Auer: © Nadine Keilhofer
Foto Katharina Wind: ©Jennifer Fetz
Foto Monika Stern: ©Manfred Baumann
Cover, Satz, Layout: Monika Stern, © sternloscreative e.U.
Logo Marktgeschichten & Freizeitschriftzug: © Kurier-*freizeit*
Inhalt Marktgeschichten: © Kurier-*freizeit*

Druck und Bindung: optimal media GmbH, Röbel/Müritz
Vertrieb: Braumüller GmbH, Servitengasse 5, A-1090 Wien, www.braumueller.at

ISBN: 978-3-99100-329-8

KARTOFFEL
1 kg 3,-
OSTER KARTOFFEL
1 kg 3,-
INGWER
BABY KARTOFFEL
1,90

BIO-KNOBLAUCH
€1,60
MINI-GURKEN
3 STK.
€1,50